南方の志士と日本人

インドネシア独立の夢と昭和のナショナリズム

林 英一
Hayashi Eiichi

筑摩選書

南方の志士と日本人　目次

序章　「インドネシア人」初の日本留学生　009

「自分の意志で、自費で来ました」／二人の生い立ち／民族意識の覚醒／名古屋丸へ／大インドネシア党／船上で／「亜細亜のヤング・ゼネレーション」／「インドネシア人」初の日本留学生

第一章　帝都へ——大アジア主義との邂逅　043

日本政府の「アジア回帰」／ベトナム青年の東遊運動／ウスマン、ガウスへの監視／アジア主義者たちとの交流／大亜細亜協会／二人の演説／在日インドネシア留学生会、結成／ハッサンと横森、その出会い／「ジャワのガンジー」、ハッタ／ウスマンの大恋愛／貧民街の視察

第二章　特務機関——日本軍の東南アジア占領　085

ジャワへの上陸作戦／陸軍中野学校／ジョヨボヨの予言／連合軍への降伏勧告／軍政開始／収容所代表ウスマンと柳川／ウスマンの対日協力／帰郷／スカルノと日本軍／

「インドネシア青年道場」とイドリス

第三章 対日協力――スマトラ知識人の場合 117

パダン宣伝班とウスマン／思惑のズレ／
矢野長官／ウスマンの真意／ミナンカバウ社会調査所／
インドネシア「独立」問題／スマトラ戦犯／「トラ狩りの殿様」の訪問／
ガウスの対日協力

第四章 外国で闘ったインドネシア独立戦争 151

ウスマン一家、九死に一生を得る／戦時下の言論統制／
ウスマンの「抗議」／南方特別留学生たち／「共栄圏の一員として……」／
東京から甲府へ／「傀儡」への推挙／
武田麟太郎の奔走／小磯声明／「独立」観の相違／スカルノの独立宣言／
遠隔地ナショナリズムの高揚／ガウスの独立闘争支援

終章 建国の陰で――国際交流、そして独立のゆくえ 191

インドネシアと近代サッカー／ア式蹴球の普及／

三国対抗親善サッカー大会／「インドトラ」の創立／
七年越しで実現した帰国／新聞の創刊、そして死の訪れ／独裁の時代へ／
結びに代えて

あとがき　217

南方の志士と日本人

インドネシア独立の夢と昭和のナショナリズム

凡例

一、引用文中の旧字・旧仮名遣いは、原則として新字・新仮名遣いに改めた。現在においては不適切な表現もあるが、資料の学術性に鑑み、原文のまま記した。ただし、明らかな誤字・脱字は訂正した。また、句読点や括弧を適宜補い、改行を施し、難読漢字には適宜、読み仮名を振るようにした。

二、小口注（★）、地図を作成するにあたっては、伊藤隆監修・百瀬孝『事典　昭和戦前期の日本――制度と実態』（吉川弘文館、一九九〇年）、石井米雄監修、土屋健治・加藤剛・深見純生編『インドネシアの事典』（同朋舎出版、一九九一年）、朝尾直弘・宇野俊一・田中琢編『角川新版日本史辞典』（角川書店、一九九六年）、木村一信編・解題『南方徴用作家叢書　ジャワ篇』（龍溪書舎、一九九六年）、日本史広辞典編集委員会編『日本史人物辞典』（山川出版社、二〇〇〇年）、臼井勝美・高村直助・鳥海靖・由井正臣編『日本近現代人名辞典』（吉川弘文館、二〇〇一年）、石井米雄他監修、桃木至朗他編『〔新版〕東南アジアを知る事典』（平凡社、二〇〇八年）、加納啓良『東大講義　東南アジア近現代史』（めこん、二〇一二年）、見田宗介編集顧問、大澤真幸・吉見俊哉・鷲田清一編集委員『現代社会学事典』（弘文堂、二〇一二年）、吉田裕・森武麿・伊香俊哉・高岡裕之編『アジア・太平洋戦争辞典』（吉川弘文館、二〇一五年）、百瀬孝監修・亀岡修『よみがえる戦前日本の全景――遅れてきた強国の制度と仕組み』（毎日ワンズ、二〇一五年）、中野亜里・遠藤聡・小高泰・玉置充子・増原綾子『入門　東南アジア現代政治史〔改訂版〕』（福村出版、二〇一六年）、加納啓良『インドネシアの基礎知識（アジアの基礎知識3）』（めこん、二〇一七年）などを参照した。

序章 「インドネシア人」初の日本留学生

「自分の意志で、自費で来ました」

インドネシア独立の志士に初めて出会った内地の日本人は、「神戸新聞」の記者だった。

一九三三年一月七日の朝、シンガポールから二週間の船旅を終えて神戸港に降り立った二人の志士は、冷たい風に煽られながら、港から三キロほど離れた小さな宿屋に向かった。[1]

一一時半頃、女中に呼び出され、恐る恐るドアを開けると、三〇歳前後の二人の紳士が立っている。それこそが先の記者で、そこから四五分間、火鉢を囲んでの英語での取材がはじまった。[2]

「船旅は如何でしたか」

「楽しかったです。でも船酔いしました」

「お名前を教えていただけますか」

「私がガウスで、友人はマジッド・ウスマンです」

「どこから来ましたか」

「スマトラからです」

「あなたがたは自分の意志で来たのですか、それともどこかの組織から派遣されたのですか」

「自分の意志で、自費で来ました」

「日本で勉強するために来たのですか」

「はい」

「ガウスさんは何を勉強されるのですか、そしてウスマンさんは」

「私は医学を志しています」

「私は経済学を学びます」

「大学はすでに決まっていますか」

「まだです」

「日本語はどうですか」

「少し難しいです」

「何年間勉強するつもりですか」

「さあ、情況次第です」

「下宿の方はどうですか」

「東京に着いてから見つけるつもりです。私たちはバタビア★1にいる友人からの紹介状を持っています」

「どこで教育を受けましたか」

★1 **バタビア** オランダは一六一一年に西ジャワのスンダ・クパラにオランダ東インド会社商館を設置して、貿易の拠点とした。スンダ・クパラは一六一九年にバタビアと改称され、オランダ領東インドの中心的役割を担ったが、一九四二年に日本軍によってジャカルタと改称された。

「初等、中等教育は西スマトラのパダンで、高等教育はバタビアで終えました」

「あなたの国の学生の多くは、どの国に留学するのですか」

「オランダです」

「あなたは何故オランダに行かず、日本に来たのですか」

「私たちは日本の急速な発展についてたくさんのことを聞いており、日本で多くのことを学ぶことができると思っています。オランダからは機会が与えられませんでした」


以上は、当時二二歳のモハマッド・マフユディン・ガウスの記憶にある質疑応答を、順不同に並べ直したものである。[3] もう一方のアブドゥル・マジッド・ウスマンは当時二六歳。二人とも同じミナンカバウ族[★2]で、古《いにしえ》より外来文化の伝来地であったスマトラ西海岸の開拓地ランタウで生まれ育ち、大都市バタビアで青年期を送るという共通点があった。しかし、同じ船でやって来たのはまったくの偶然で、船中で初めて出会った。

日本留学を「まったく一人で、誰にも相談しないで決めた」[4] ガウス青年は、同じ志をもった同郷の人がいると知って、さぞ驚いたに違いない。

本書で彼らを志士と呼ぶのは、二人が並々ならぬ覚悟をもち、荒波を越えて日本にやって来たからである。ではなぜ彼らは、日本への留学を志したのだろうか。その背景を明らかにするため、両者が出会うまでの経緯を、簡単に振り返っておこう。

二人の生い立ち

ウスマンは一九〇七年五月二六日、インド洋をのぞむ西スマトラの商業中心地パダンで一〇人兄弟の第五子として生を受けた。[5] 一八七四年生まれの父親は、パダン政庁でジャクサ長を務めていた。[6] ジャクサとは、オランダの植民地行政と現地人体制を橋渡しする「原住民法代理人」のことである。[7] 兄や姉がそうであったように、彼もまたオランダ語教育を受ける。パダンのヨーロッパ人小学校（ELS）、普通中等学校（MULO）を経て、バタビアの普通高等学校（AMS）に進学している。[8]

他方、ガウスは一九一〇年三月二一日、パダンから五〇キロほど北上した沿岸の町・パリアマンの布地商人の家に生まれた。幼くして病死した兄姉の後に生まれた待望の男子だった。父の仕事の都合で一三年にパダンに移り、オランダ人の家庭に下宿しながら、イスラーム信仰の篤い母の手で養育された。[9] その後、二人の弟ができたが、父が勝手に若い第三夫人をつくり、ガウスが

★2 **ミナンカバウ族** インドネシアには三〇〇の種族があるといわれるが、厳密に識別されているわけではない。二〇〇〇年の人口センサスによれば、一〇〇万人以上の規模をもつ民族は一五に限られ、このうちミナンカバウ族の人口は第六位で、全体の二・七パーセントだった。ミナンカバウ族は、マレー語系のミナンカバウ語を話し、母系制と父系制的なイスラームを共存させてきた。男子には移住・出稼ぎの伝統がある。ミナンカバウ料理は、パダン料理の名で知られ、インドネシア各地にこの料理を供するレストランがある。

スマトラ島

一二歳のときに両親は離婚してしまう。[10]

一九一三年はミナンカバウとその周辺でコレラが蔓延し、一日に何十人も犠牲になった年でもある。[11] 彼の父は息子をオランダ人の子どもたちが通う公立の小学校に入れようと、六歳半のときにオランダ人の経営する幼稚園に入れた。ガウス少年は午前中、そこでオランダ語を学び、午後からはイスラーム学校でアラビア語を学んだ。そして一七年、マレー語を授業で用いるアダビア小学校に入学した。[12]

彼は隣家の日本人の男の子と友達になり、よく遊んだ。「ボイちゃん」と呼ばれたその男の子は、雑貨商を営む福井県人の近藤鶴吉[★3]の息子だった。近藤家には、長崎からきたお手伝いさんや庭師がいた。[13] 近藤夫人から家に招かれたガウス少年は、座布団に座らされ、日本茶や煎餅《せんべい》、甘味の和菓子を「珍味」と感じた。夫人が見せてくれた富士山、梅、祭り、着物を着た少女の写真に、彼は「きれい」と惹きつけられた。少年の心に近藤夫人の優しさが強く印象づけられた[14]。

近藤鶴吉とガウスの父も親しかった。二人は、よく冗談を言って笑っていたが、あるとき近藤が冗談交じりにマレー語で「息子さんを日本の学校におやりになったらいいですよ。勉強にはよい国です」と言うのを小耳に挟んだ。近藤家の前にはテニス・クラブがあり、上流階級の社交場になっていて、ガウス少年もテニスに熱中した[15]。

近藤のような日本人移民がいつからパダンに暮らすようになったのか定かではないが、一九〇五年、シンガポールの三井物産に勤務していた壇野《だんの》禮助《れいすけ》が、スマトラ調査の途上、パダンに立ち寄り、長崎県人の古川が経営する雑貨店「トコ・ジャパン・フルカワ」を訪れたとの記録が残っている[16]。

在バタビア領事館が一九〇九年に行った調査では、パダンには東洋商会、眞雄《まさお》商店、星見洋行の名が挙げられていたが、一一年の調査では眞雄商店と星見洋行の名は消え、東洋商会と大谷洋行になっていた。東洋商会は八王子出身の豊泉政吉が〇七年頃に創業し、ヨーロッパから時計、指輪、小刀、ハサミ、ボタンなどを輸入し、ゴム、コーヒー、ヤシ農園など手広く事業展開していた。他方、静岡県人の大谷喜一がはじめた大谷洋行は、漆器、薩摩焼、雑貨を扱っていた[17]。

★3 **近藤鶴吉** 一九一二年に敦賀商業学校を卒業後、すぐにスマトラに渡り、売薬、行商で身を立てた。

一九一三年末の在バタビア領事の調査では、パダンには男性三八名、女性三三名の合計七一名の日本人がいて、男性は雑貨商、店員、農業、飾職《かざりしょく》（金属のかんざしや金具など、細かい装飾品を作る職人）、ビリヤード、菓子職などの仕事についていた。一九年のパダンの主要な法人企業は、東洋商会（使用人二一名）、大谷洋行（使用人一二名）、明治商会（使用人一六名）だった。[18]

一九二〇年にパダンの東印度貿易支店に赴任した前田治行は、メーンストリートのポンドック街で東洋商会と大谷商会が軒を並べ、オランダ人やドイツ人の店と堂々と渡り合っているのをみて驚いている。[19]

ポンドックの東洋商会のことは、ガウス少年もよく覚えている。パダン一大きなデパートで、家庭用具、園芸器具、医療品、陶器、ガラス器、自転車、布地類、スリッパなど幅広く売っていた。三人の中年の店員がいて、接客態度はとても丁寧だった。ガウスはそこで父親から七五ギルダーの日本製の自転車を買ってもらい、得意気に小学校に通った。[20]

東洋商会だけではない。ガウス少年は玩具や菓子をカンポン・ジャワの交差点にあった小さな日本商店で買っていた。その左隣にはもう一軒日本商店があり、そこでは陶器、ガラス器、台所用品、文房具が売られていた。人びとは値段の安さから日本商店のものを買ったが、長持ちしなかった。一番人気があったのは仁丹で、歯痛も治ると信じられていた。[21]

歯といえば、パダンにはイリゴ地区とスンガイ・ボン地区に二軒の歯医者があった。後者は鹿児島県人の山本吉蔵の医院で、五〇歳を過ぎた年輩の山本は、オランダ当局から在留邦人の指導者に任命されていた。中国人歯科医も多かったが、人びとは好んで日本人歯医者のところへ通ったという。[22]

イリゴ地区には日光写真館もあった。日本人の写真技術は定評があった。カンポン・スベラには日本人の洗濯屋もあって、サービスもなかなかだった。広い敷地内にはたくさんの柱に紐《ひも》が張り巡らされ、真っ白な洗濯物が干されていた。タピ・バンダロロの町付近には日本人の大工たちがいた。何軒もの家を手際よく建てていた。その同じ通りには、ミナンカバウ人女性と結婚した日本人がいて、三人の子供がいた。その一番上の四歳のキンチャンと、ガウスの義妹のロハニは友達で、よく遊んだ。学校の門の前や混雑した衛所には、年輩の日本人行商人がきて、おもちゃや駄菓子を売って人気だった。ガウス少年の好物は、電気あめ（綿菓子）と、恋人ビスケットという渦巻状の長くて硬い色付きの棒あめだった。よく買う子どもには、日本軍の小さな旗がもらえたという。[23]

ガウスの回想録には、「パダンには子供を含めて約二〇〇人の日本人がいた。彼らはオランダ人社会とはつきあわなかった。私はある日、近藤家で働くミナの奥さんが『ホランダ・バニャック・ソンボン』（オランダ人はとてもごうまんだ）というのを聞いたことがある。日本人居住者とその地域の人びととの関係はねんごろで、その間にへだたりはなかった。日本人はパダンを自分たちの町と思っていて、オランダ人の態度とはまったく違っていた。オランダ人たちは自分が〝主人〟（ムニール）のようにふるまっていた[24]」とある。

その後、彼が日本留学を決断する際に「オランダ人のテニス選手に二度もの敗北を喫した後に見事に勝利をおさめたり、オランダ少年にいじめられ、その仕返しに拳骨をふるまって〝沈黙の反逆者〟になったりしたことをはじめ、近藤夫妻による日本留学の勧め、日本のおもちゃで楽しく遊んだこと、最初の日本人の友達だったボイちゃん、第二の友となった日本製の子供用自転車、行商人からもらった日の丸の旗[25]」が影響したと認めている。

一九三四年の拓務省駐在嘱託の鮫島清彦の報告によれば、西海岸州とタパヌリ州における在留邦人は、都市部、村落部を合わせても「約一〇〇名内外なる事は事実にして主として雑貨を営む者多く、此れが東海岸州の約一千名の在留邦人に比すれば十分の一に過ぎざるも、各自其の本業に於て、相当なる成功者を出《い》だし、堅実なる経営をなし、其の生活状態に又見るべきもの[26]」があった。二州のなかで唯一日本人会があったのがパダン市で、三三年二月の時点で日本人会長の職にあったのが山本吉蔵、「邦人中の幹部級[27]」と目されていたのが近藤だった。

パダン日本人会は遅くとも一九二六年までには創設され、三六年の日本人会員は五四名を数えた。三九年には、綿布、雑貨を扱い陶磁器の輸入を行っていた東海洋行のほか、雑貨商、運動具店、水産物販売、写真業、理髪美容業、洗濯業、歯科医、旅宿業など一一軒の店があった[28]。

民族意識の覚醒

普通中等学校を卒業したガウスは、医者になってほしいとの父の望みを叶えるため、首都バタビアの普通高等学校Bコース（理科系）に進学する。[29]

序章で触れたように、ガウスはミナンカバウ人で、ミナンカバウ社会は、母方を通じて血縁を辿り、財産相続を行う母系制社会である。男たちは、独身時代は生家の財産を増やし、婿入り後は妻子のために富を獲得する義務を負っていた。そのため、積極的に移住・出稼ぎをする慣行が昔からあったので、ガウスもパダンから遠く離れたバタビアに渡ることにさしたる抵抗はなかったに違いない。

また、教育環境の変化も追い風となった。

二〇世紀初頭、オランダ植民地経済の関心がスマトラに向かうと、各地にオランダ語の教育機関がつくられるようになった。一九一四年に七年制の「オランダ語原住民学校（HIS）」がブキティンギとパダンに、一〇年代末に三年制の普通中等学校（MULO）がオランダ植民地政庁により設立された。そしてオランダ語の重要性が認識された結果、多くのミナンカバウ人が西スマトラ以外で教育を受けるようになった。バタビアで最高峰の教育機関である東インド医師養成学校（STOVIA）の場合、一八七四年から一九〇〇年には学生一八三人のうちミナンカバウ人はわずか七人だったのが、一九〇〇年から一四年には二〇〇人中三六人以上となった。[30]ちなみに、ウスマンの姉は同校を卒業し、内科医となっている。[31]

ガウスは高校三年間を皆勤賞で送った真面目な生徒であったが、イスラームの教えを通じて愛国心に目覚めたことから、オランダの植民地支配に抵抗する「沈黙の反逆者」となってゆく。イスラーム青年同盟の一員となり、政治的な集会に熱心に参加。インドネシア国民党の指導者スカルノの「過去三〇〇年にわたって、わが人民はオランダ人のために情容赦もなく制圧されてきた。いまこそわれわれは、わが国からオランダ勢力を駆逐すべきときである。団結せよ」[32]との演説に感動し、師と仰いだ。スカルノは後に初代大統領となり、根本七保子《なおこ》ことデヴィを第三夫人に迎える。ここで、オランダがいかに現在のインドネシアにあたる地域を支配してきたのかについて、軽く触れておこう。

一九世紀後半にはじまった東南アジアの近代化は、植民地化と切り離せなかった。タイを例外として、それまで西欧列強による港市（港湾を中心に発達した商業都市）を拠点とする交易ルートを押さえた「点と線の支配」を受けていた東南アジア各地は、領域全体を包括的に支配する「面の支配」下に入ることで、一九一〇年代半ばまでに国境線が確定し、現在の国民国家の前身が形づくられた[33]。

インドネシアでは、一八三〇年に栽培制度が導入された。これによってオランダ政庁は、ジャワ、スマトラ、スラウェシ（英語ではセレベス）の一部の住民にコーヒー、サトウキビ、藍などの特定作物の栽培を義務づけ、その加工製品の独占的輸出で莫大な収益を得た。そして財政的に余裕ができたオランダは、各地の小王国をつぎつぎと統治下におさめていった。その結果、現在のインドネシア共和国の原型となるオランダ領東インドが誕生した[34]。

その一方で、この地域の農民は重い負担を強いられていた。遂には中ジャワの一部で、農村が疲弊して大規模な飢饉が発生。オランダ世論の批判もあって、二〇世紀に入ると、オランダ政庁は、住民の福祉向上、キリスト教布教、権力分散を骨子とする開明的植民政策「倫理政策」に転じた。その結果、近代化が急速に進み、民族意識が覚醒した。一九〇八年にジャワで最初の民族団体ブディ・ウトモが結成されたことにはじまり、その後を追うように一二年にイスラーム同盟、二四年にインドネシア共産党、二七年にインドネシア国民党が、相次いで設立された。そして二八年一〇月の「青年の誓い」では、「一つの祖国・民族・言語」を謳い、後に国旗となる紅白旗を承認するとともに、後に国歌となる民族歌「インドネシア・ラヤ」が披露され、民族主義運動は最高潮に達した。[35]

その勢いに乗じた共産党は、一九二六年にジャワと西スマトラで反オランダの武装蜂起を試みる。しかしこれが失敗に終わると、インドネシア民族主義の主導権は、中東やオランダに留学した知識青年たちの手に移った。とくにオランダで設立された留学生団体・インドネシア協会は、モハマッド・ハッタ（後に初代副大統領）、スタン・シャフリル（後に初代首相）ら大物指導者を輩出したが、彼らはいずれもミナンカバウ人だった。このほか、アグス・サリム（後に外相）、革命家のタン・マラカ、ジャーナリストのアディヌゴロ、文学者のアリシャバナなど、ミナンカバウ社会は大物知識人を中央に送り出し、インドネシアの民族主義運動を主導した。インドネシアの闘争の時代は、一面では彼らミナンカバウ人が隆盛を誇っていた時代でもあったのだ。

しかしそれも長くは続かなかった。オランダ政庁はスカルノ率いる国民党を弾圧し、解散に追い込んだ。さらに一九三四年にはスカルノ、ハッタを逮捕し、強制収容所に送り込んだ。こうして倫理政策は終わりを告げ、インドネシアの独立運動は三〇年代後半に冬の時代を迎えていた[36]。こうしたなかで民族主義者になっていったガウスは、日本への留学を考えるようになる。ガウスの回想に耳を傾けてみよう。

インドネシアの学生たちのオランダに留学する傾向は、依然として非常に強かった。インドの学生が英国に留学し、仏領インドシナの学生がフランスに行き、フィリピンの学生がアメリカへ留学するというのは自然な伝統で、それを考えると、私もオランダへ行かなければならなかった。私は日本留学について心の中で自問自答した。「身体がこんなに小さいのに、きびしい冬の寒さに耐えられるだろうか。病気になりはしないか。私には、日本人の生活習慣になじむ適応性があるだろうか。食物はどうだろう。学位をとっても、それはオランダ側に認められるだろうか。私の志望がオランダ官憲によって、妨害されることはないだろうか」。私は誰かに意見を求めるということはしなかった。私は父にも相談しなかった[37]。

ガウス青年が父に手紙で日本留学の決心を伝えたのは、パダンに帰郷する約二カ月前で、彼は留学計画を極秘に進めた。ところが、彼の日本留学は、ルームメートの友人を通じて「ビンタン・ティムール（東方の星）」紙の記者の知るところとなり、ある朝、二人の若い男がやって来た。

20世紀初頭の東南アジア

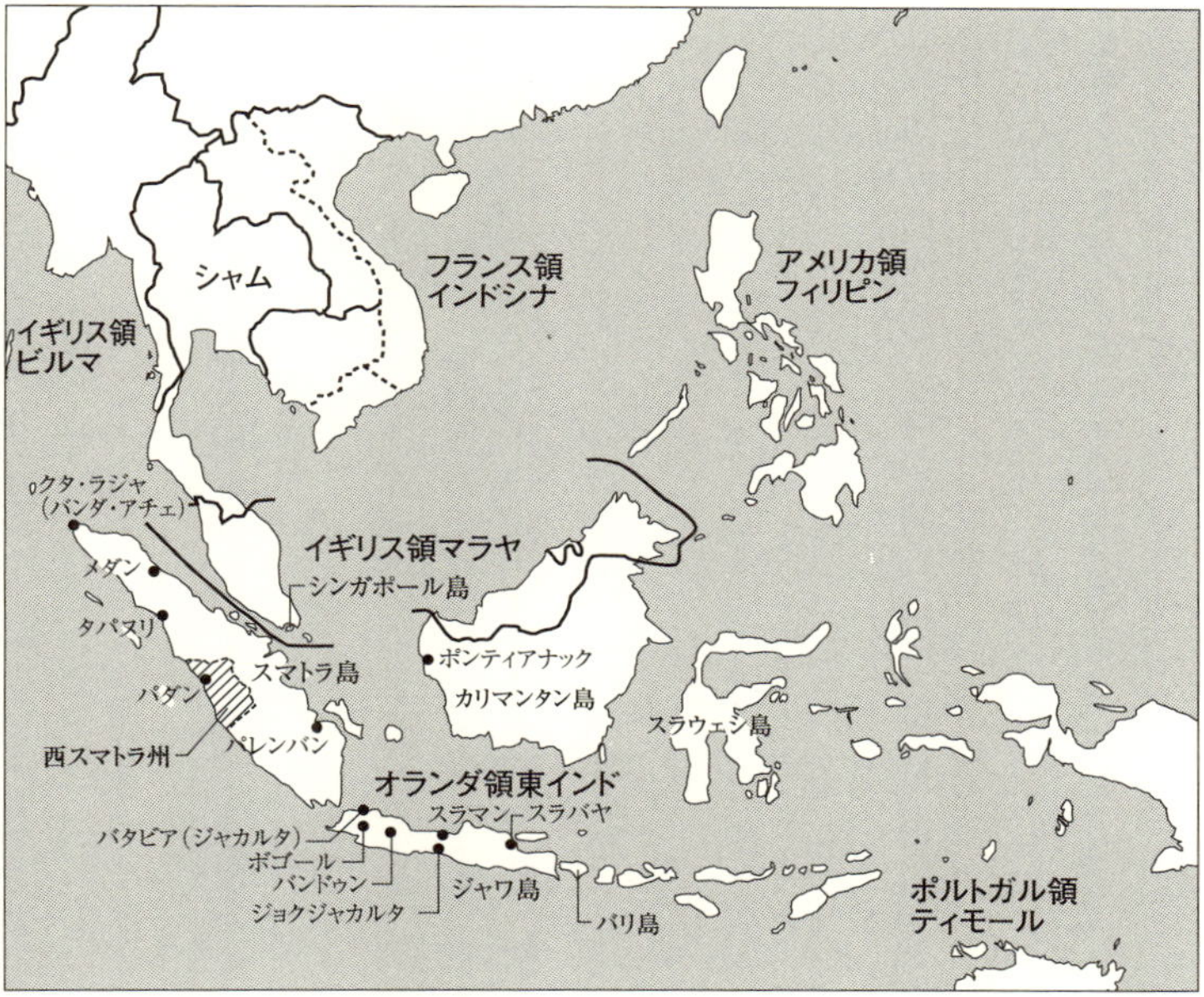

オランダ政庁に知られることを恐れ、内心うれしくはなかったが、ガウス青年は取材を受けた。翌朝、つぎのような記事が紙面を飾り、彼の日本行は広く知られるところとなった。[38]

ガウス君の決断は、まことに慶賀すべきものである。インドネシアの学生が留学先を変更すべき時が来たのだ。いつまでもオランダへ行き、そして政庁の役人になるばかりが能ではあるまい。日本は先進国である。技術、技能、機械工学、経済学、商業および農業分野においても、日本から学びうることは多いのだ。これらはわが国がまさに必要としている実際的な知識である。ガウス君のえらんだ道は、オランダの植民地政策の歴史の中でとられた最初の一歩である。われわれは心から彼の成功を祈るものである。[39]

「ビンタン・ティムール」紙の主筆は、親日派で知られる著名なジャーナリスト、パラダ・ハラハップ（一九〇〇—五九）。彼は一九三三年一一月に日本を視察してからますます「日本びいき」になり、同紙は日本留学を熱烈に奨励した。これに注目した北スマトラのメダン駐在領事・内藤啓三は、三二年一二月二日付の文書で、ジャワ島では「ビンタン・ティムール」紙の斡旋で日本留学を希望する子弟がいるとのことだが、日本語を解さないパダンの普通中等学校（ＭＵＬＯ）在学中の一六歳の青年を、日本の化学工業関係の学校に留学させる方法はあるかと、外務省に照会するほどであった。[40]

一九二九年、米国発の世界恐慌の煽りを受けて、インドネシア社会が貿易不振にあえぐなか、布地、陶器、衣類など大量の日本商品が流入し、急激に各地に浸透していった。というのも、その安価さに惹かれた人びとが買い求めたからだ。再び、ガウスの言。

「日本のものは安いよ。日本製品を買おう」ということが口から口へ伝わっていった。オランダ製品は高価で一般の手にとどかなかったので、人びとは安い日本製品を、ほっとした思いで受け入れた。それにお客に対する接客態度もちがっていた。オランダ人は横柄であったのに対し、日本人の店はていねいで愛想よく、買う人の心を打った。これは日本の〝心理的勝利〟であったと思う。私がよく覚えているのは、スポーツ用品を買っていたトコ・ゴトウという店で、パサル・センネにあった。私はここでよくラケットを買ったり、それを直してもらったりした。バタビアには、日本人の店がかなりたくさんあった。[41]

こうしたなかで、当時のインドネシア社会には日本に期待する風潮が生まれ、日本領事館も関心をもっていた。

ガウスは日本留学に向けて準備を進めていった。ポトジョの日本人クラブで藤原夫人から四カ月にわたって、日本語の手ほどきを受けた。査証申請のために在バタビア総領事館を訪れると、参事官の佐立五十男《さだちいそお》がすぐに応じてくれ、「おめでとう」、「成功してくれ」と、握手の手をさしのべてくれた。それればかりか、東京駅に着いてから何か面倒があってはいけないからと、佐立は丸の内の南洋商会の谷口宛に紹介状まで書いてくれた。自分の家族の住所を伝えて、訪ねるようにとまで言ってくれた。[42]

佐立氏の親切は私に深い印象をあたえた。どこの領事館へ行っても、初めて会っただけでこんなに親切にしてくれる参事官はいないだろう。佐立氏はオランダ語ができたので、私たちはオランダ語で話したのだった。[43]

名古屋丸へ

日本への入国査証を得たガウスは、一九三二年一一月初め、パダンに帰郷した。

私の父も義母も私を大喜びで迎え、とても得意げだった。当時、息子を日本へ留学させるなどと考える者はいなかったからである。西洋の方が東洋より秀でているというのが通念で、留学先はオランダと決まっており、日本など思いもよらなかった。父と義母が誇りとしたことは、彼らの息子が歴史はじまって以来初めて、日本留学への道を進んだからであった。[44]

一九三二年一二月一二日、ガウス、父親、隣人は、従弟のシボレーで高原の町ブキティンギに向かい、二晩を過ごした。この地の商業連盟の晩餐会に招かれ、連盟創立者や国民銀行頭取らからほめそやされ、自尊心を大いにくすぐられた。[45]

一二月二〇日夕刻にパカン・バルに向けて車で出発した一行は、虎に遭遇しながらも、スマトラ島の脊梁《せきりょう》バリサン山脈を越えた。翌朝七時半頃、バンキナンに着いたが、幅一〇〇メートルの川が立ちはだかった。日本人の渡し舟に乗り、九時頃、ようやく目的地のパカン・バルに辿り着いた。[46]

一行はその足で自転車屋のトコ・ニッポンに向かい、父親はガウスのことを、経営者の日本人夫婦に得意気に紹介した。彼らは握手をしながら心を込めて祝ってくれた。そして父の手に接吻して別れを告げた後、午前九時半、ガウスはいよいよ汽船ティドレ号に乗船し、パカン・バル港から、当時英国の直轄植民地であったシンガポールに向けて旅立った。[47]

マラッカ海峡を四八時間かけて航海した末、二三日早朝、船はシンガポールに錨を下ろした。税関では、太ったマレー人の大男に荷物を手荒くひっくり返され、不快な思いをした。[48]

シンガポールではロイド街のアラブ人の金持ちの家に五日間、宿泊した。滞在中に彼は、実業家の石原広一郎（一八九〇―一九七〇）が経営を担った鉱山開発会社・南洋鉱業公司（のち石原産業海運株式会社）に出向き、日本までの二等切符を購入した。[49]

一九三二年一二月二八日、午前一〇時。ガウスは南洋鉱業所有の名古屋丸に乗った。マレー半島西岸のバト・パパで鉄鉱石を積み込んでいた名古屋丸は、午前一一時半にシンガポールで荷を降ろすと、シンガポールを出港し、一路、香港を目指した。[50]

そして船内でウスマンと出会う。

ウスマンは一九二七年にバタビアの普通高等学校（AMS）を卒業後、パダンに帰郷し、二八年から三二年までの四年間、パダンの裁判所書記として働いていた。当時、現地人では珍しくハーレーダビッドソンのバイクで通勤するなど、暮らし向きは悪くなかった。[51]

しかし、一九三二年七月二二日、ジャクサ長だった父親が他界すると、彼は仕事を辞めて再びバタビアに舞い戻る。そしてそこでウスマンは、佐立五十男と出会う。九州男児の佐立とウスマンは同じ誕生日だったこともあり、親交を深めた。佐立はウスマンの日本留学中の支援まで申し出た。[52]

それにしても、佐立はなぜこれほどまでに親切だったのだろう。

実は彼には拓務省の駐在通訳生という経歴があり、現地通だった。『拓務時報』には、拓務省駐在通訳生の肩書で「バタビア邦商活躍の大要」[53]、「蘭領東印度《らんりょうひがしいんど》（特に爪哇《ジャワ》）に於ける『カッサバ』」[54]、「蘭領東印度に於ける水力及電気事業の大要」[55]、「蘭領印度現行入国法規集」[56]、「蘭領印度貨幣制度」[57]という記事が掲載されたほか、「蘭領印度貨幣制度」[58]、「蘭領印度の農産物輸出額調」[59]、「最近の蘭領印度の石炭生産量」[60]と題された報告と、「蘭領東印度領に於ける森林状況と蓄積量」[61]という翻訳記事が、それぞれ署名を付して掲載されている。

大インドネシア党

ウスマンが日本留学を決心した最大の理由は不明だが、父の偶然の死、佐立との運命的な出会いのほか、彼の姉の夫である獣医のモハマッド・イドリスの存在も無視しえないであろう。モハマッド・イドリスは、大インドネシア党の活動家だった。彼は、医者になるつもりでジャカルタの名門医科大学に進学するも、オランダ人教授に無礼を働いたとの理由で放校処分になった。そのため、オランダに対してよい感情をもっていなかった。その後、獣医学校を卒業後、獣医としてマカッサル（英語ではセレベス）、ジョクジャカルタ、スカブミで働き、後に教授になった。[62] 後述するように、彼はウスマンの後ろ盾だった。

先行研究によれば、一九三〇年代後半のインドネシア民族主義運動は、右派の大インドネシア党（パリンドラ）と左派のインドネシア人民運動党（グリンド）に代表された。三五年一二月に、スカルノとも親しい民族運動指導者タムリンを中心に結党された大インドネシア党は、オランダとの協調路線を掲げ、三〇年代後半にインドネシアで最大の党勢を誇った。これに対して三七年五月に設立されたインドネシア人民運動党は、穏健で保守的な大インドネシア党に不満を抱く左派民族主義者を中心にした政党で、当時の国際情勢を民主主義勢力とファシズム勢力の対立という図式で捉えていた。そして、インドネシアは民主主義国家のオランダと連携し、ファシズムの日本に対峙すべきだと考えていた。[63]

義兄を介して生じた大インドネシア党とのつながりが、ウスマンの日本行に影響を及ぼしたとしても何ら不思議ではない。

船上で

船上で初めてウスマンと出会ったガウスは、船旅の様子をつぎのように回想している。

船客の中に経済学を勉強しに留学する同じミナンカバウ人のマジッド・ウスマン君がいて、私は彼と友達になった。海も静かで船旅は楽しかった。船の乗客係も親切な紳士で、いろいろと私たちの面倒をみてくれた。彼は私たちが昼や夜の食事に日本食が食べられないのを見て、特別なカレー料理を用意してくれた。それほどおいしくはなかったが、ともかく私たちはおかげでお腹をすかさないですんだ。

一九三三年の元旦、私たちは同じ船に乗り合わせた日本人の夫婦に、「おめでとうございます」と日本語で挨拶した。日本語で新年の挨拶をかわすのは私たちにとって初めての経験だった。私の日本語はまだたどたどしかったが、勇気をだして日本語で挨拶したのである。お正月の餅や甘いものやみかんはおいしかった。酒も出されたが私たちは手をつけなかった。簡単な正月料理だったが、二時間ほど食卓についていた。しかし楽しい航海は長つづきしなかった。というのは、香港を出てから数日後、名古屋丸は大しけに遭遇したのである。稲妻をともなうひどい暴風雨で、船中の者が酔ってしまった。私は目まいと吐き気に悩まされ、何も食べられずただベッドに横になっているだけだった。「もし船が沈んだらどうしよう。

僕もみんなと一緒に溺れ死んでしまうのか」と私は悲しかった。頭の上でエンジンのガラガラという音を聞き、巨大な波が何度も何度も船を持ち上げるのを感じるとき、私は身体中がふるえるようだった。私にとって船酔いは生れて初めての体験だった。私はひたすらアッラーの神に祈った。「どうか一刻も早く港に着くようお祈りください」。苦難は二日二晩つづいた。[64]

「亜細亜のヤング・ゼネレーション」

三日後の一月七日朝、船は真冬の神戸に入港した。

日本の税関員は荷物を丁寧に扱ってくれ、ものの数分で検査は終わり、シンガポールの税関員の態度と比べて好印象をもった。そして宿に入った二人は、「神戸新聞」記者の突撃取材を受けたのであった。[65]

取材が終わると、記者は「はるか遠くの国からやって来るとは、実に勇気のある青年ですね。今は冬ですから健康に気をつけて、風邪などひかないように祈ります。あなた方の勉強が成功することを祈っています」[66]といって、写真を撮った。

翌日、「南洋から珍客　日本文化に憧れ　首長の息子さん来神　政治経済と自然科学勉強に帝大入学志望の二青年」との見出しの付いた記事が、二人の写真入りで掲載された。[67]以下、その記事を引用しよう。

日本が国威に文化に旭日の勢いで発展し、世界に亜細亜民族の輿望を担って行く雄姿を遠くから望見し、梅咲くニホンに憧れを抱いて遊学を志す亜細亜のヤング・ゼネレーションが最近続々各地に現れて来たが、七日午前十時神戸入港の石原汽船なごや丸で蘭領スマトラ、パダン市の首長の息二人が勉強の為来神した。南洋民族の日本留学は以前に一人あったきり、これが二度目であるが二人はアブドル・マジット・オスマン君（二九）とマホメッド・ガオス・マホジュデン君（二三）で共にバタヴィアのハイ・スクールを卒業してオスマン君は政治、経済を、マホジュデン君は自然科学の勉強に寒い日本にやって来たのだ。民族の伝統をそのまま精悍な瞳孔に輝かしてオスマン君は言う。

「私達は新聞や雑誌で日本のことを読めば読むほど、御国に憧憬し、ようやく年来の希望達して喜び勇んで居ります。私らの国は未発展のままで文化に遅れて居りますが、うんと勉強してお国を見習い、亜細亜民族発揚のため大いに活動する覚悟ですからどうぞよろしく。明日上京して渋沢子爵のお宅に行き、出来ることなら東京の帝国大学に入れてもらいたいと思います」

と神戸海岸通三丁目神戸館の和室に仲よく二人おさまった処を写真にうつすと、「お手やわらかに」と、なれない日本語で愛嬌を言う。

聞く処によると今度の日支事変以来南洋諸島では日本に対する信用が益々深くなり、七月には又、数名の留学生が日本にめざすということであるが、別れるに際し両人は「どうか我々を理解して、日本滞在中はよく指導して下さることを日本の皆様に御願いします」と朗らかに挨拶した。[68]

南洋から珍客

日本文化に憧れ

酋長の息子さん來神

政治經濟と自然科學勉學に

帝大入學志望の二青年

来日時のウスマン（左）とガウス（「神戸新聞」1933年1月8日）

ガウスとウスマンは二晩を神戸の旅館で過ごした。味噌汁、畳、熱い風呂。南国で育った彼らにとって初めての日本、初めての冬だった。[69]

一月九日夜九時、二人は暗闇の中、夜行列車の「つばめ」に乗った。明け方、富士山の荘厳な姿を拝んだ。ガウスは線路の排水溝の斜面にまで稲が植えられているのをみて驚嘆した。[70]

「インドネシア人」初の日本留学生

一月一〇日七時ちょうどに夜行列車は東京駅に着いた。ここで二人は別れ、ウスマンは牛込区弁天町七一の佐立家に向かい、ガウスは丸の内の南洋協会の谷口のもとに挨拶に訪れた。[71]

谷口はガウスを、下谷区に居を構えるプルワダルミンタに引き合わせてくれた。プルワダルミンタは、オランダ政庁から派遣され、神田一橋の東京外国語学校でマレー語の講師をしていた。家には夫婦のほか、六歳の息子と、ジャワから連れてきたお手伝いさんが一緒に暮らしていた。同月末、ガウスは同じ上野桜木町で、プルワダルミンタ家から一・五キロほど離れたところにある大村家に引っ越した。主人の大村は、かつてマラヤ[★4]・ペラク州イポーで写真館を営んでいて、夫婦ともにマレー語を解した。[72]

ウスマンは、東京帝国大学への入学を希望していた。しかし当時、東京帝大に入るには高等学校を卒業、またはそれに準ずるものが必要だった。彼はバタビアの高等学校を卒業していたが、入学条件を満たさないと判断されたようだ。そこで、他の多くの外国人留学生がそうであったように、私立大学入学に方針を切り替え、一九三三年一月、明治大学に入学した。[73]

明治法律学校を前身とする明治大学は、その頃、法政大学とともに法律学の講義に定評があった。韓国で「三大民族人権弁護士」と呼ばれた金炳魯《キムビョンノ》、李仁《リイン》、許憲《ホホン》、一九三二年に台湾人初の法学博士となった弁護士・葉清羅《ようせいよう》を輩出したのも明治大学だ。明治法律学校が初めて留学生を受け入れたのは、他の大学よりも遅く一八九六年のことだったが、その後、早稲田大学、法政大学、中央大学と並ぶ、中国、朝鮮、台湾人留学生の主要受け入れ先となった。[74]

ウスマンは法学部に学んだ。[75]中国・朝鮮半島出身の留学生の多くは専門部で教育を受けていることから、彼も法学部の専門部に所属していた可能性があるが、定かではない。

明治大学に入学するには、保護者のほかにもう一人、保証人が必要だった。その役を買って出たのが、一八八一年に設立された、福岡藩の尊王攘夷派の流れを汲む政治結社・玄洋社の中心人物である頭山満《とうやまみつる》だった。[76]入国後すぐに渋沢敬三のもとを訪ねたウスマンは、彼を通じて頭山と知り合ったのだろう。渋沢敬三は、「日本近代資本主義の父」と呼ばれた渋沢栄一の孫で、東京帝国大学経済学部を卒業後、日本銀行総裁、蔵相を務めた。彼は自邸の物置小屋の屋根裏部屋に民具を集めて「アチック・ミューゼアム」を創設するなど、民俗学に理解があった。[77]

一方、ガウスは上智大学に入学し、四月末から哲学、心理学、経済学の講義に出はじめたが、

★4 **マラヤ** イギリスの植民地だったマレー半島、シンガポール。

頭山満［1941年1月］　写真提供：読売新聞社

その後、一九三四年四月に日本文化連盟理事長の松本学の推薦で東京慈恵会医科大学に転学した。[78]

こうして、「インドネシア人」初の日本留学生が誕生した。

ここでいう「インドネシア人」とは、構成員の想像の中でのみ存在するものであった。「国民」、「民族」と訳されることの多いネーションは、近代になって生まれた「想像された共同体」であり、出会ったことも、生涯出会うことさえもないであろう人びとと自分とを、同じ「インドネシア人」という強い連帯感で結びつける。[79]

それまでにも南方から日本の土を踏んだ人はいたかもしれない。たとえば鎖国期の出島にはオランダのジャンク船が出入りしていたが、その船員のなかにはジャワ人がいた。しかし、彼らは自分のことを「インドネシア人」とは、決して自覚していなかった。

そのような意味で、ウスマンとガウスは、先駆者だった。従来の研究は、この二人について、インドネシア留学生としての側面と、後述する日本のアジア主義者との関係性にもっぱら関心を払ってきた。しかし、本書がこれから明らかにしていくように、両者は「親日」と「反日」のあいだで揺れ動きながら、インドネシアの独立をひたむきに目指して壮絶な人生を送ったのである。以下、この二人の軌跡から、インドネシア独立運動と昭和のナショナリズムの相克を浮かび上がらせていきたい。

1――Salmyah Madjid Usman dan Hasril Chaniago (ed.) *Memoar Siti Aminah Madjid Usman-Hiroko Osada: Kisah Hidup dan Perjuangan Seorang Putri Bangsawan Jepang untuk Kemerdekaan Indonesia.*（長田周子――シティ・アミナ・マジッド・ウスマン回想記：インドネシア独立に捧げたある日本人女性の闘いと人生の物語）Yayasan Obor Indonesia. 2017. hlm. 40. 以下、本書では『アミナ回想記』とする。マフユディン・ガウス著、後藤乾一編訳『M・ガウス回想録――戦前期インドネシア留学生の日本体験』研究資料シリーズ三、早稲田大学アジア太平洋研究センター、二〇一一年、四三―四四頁。以下、本書では『ガウス回想録』とする。なお、『ガウス回想録』四三・四五頁の「一九三二年」は「一九三三年」の誤り。
2――『ガウス回想録』四四頁。
3――『ガウス回想録』四四―四五頁。
4――『ガウス回想録』三六頁。
5――『アミナ回想記』七七―七八、三七三頁。
6――『アミナ回想記』七四―七六頁。
7――前田俊子『母系社会のジェンダー――インドネシア　ロハナ・クドゥスとその時代』ドメス出版、二〇〇六年、二七二頁。
8――『アミナ回想記』七七、三七三頁。
9――『ガウス回想録』四頁。
10――『ガウス回想録』一〇―一五頁。
11――ムハマッド・ラジャブ著、加藤剛訳『スマトラ村の思い出』めこん、一九八三年、一七頁。
12――『ガウス回想録』八頁。

13——『ガウス回想録』一八頁。
14——『ガウス回想録』一九頁。
15——『ガウス回想録』一九—二〇頁。
16——青木澄夫『日本人が見た一〇〇年前のインドネシア　日本人社会と写真絵葉書』じゃかるた新聞、二〇一七年、一五二頁。
17——前掲『日本人が見た一〇〇年前のインドネシア』一五二頁。
18——前掲『日本人が見た一〇〇年前のインドネシア』一五二頁。
19——前掲『日本人が見た一〇〇年前のインドネシア』一五二頁。
20——『ガウス回想録』二二—二三頁。
21——『ガウス回想録』二三頁。
22——『ガウス回想録』二三頁。
23——『ガウス回想録』二三—二四頁。
24——『ガウス回想録』二四頁。
25——『ガウス回想録』三五頁。
26——鮫島清彦「スマトラ西海岸事情」拓務省拓務局『拓務時報』一九三四年四月発行、一七頁。
27——前掲「スマトラ西海岸事情」『拓務時報』一七頁。
28——前掲『日本人が見た一〇〇年前のインドネシア』一五四頁。
29——『ガウス回想録』二八頁。
30——前田俊子『母系社会のジェンダー』一〇九頁。
31——『アミナ回想記』七七頁。
32——『ガウス回想録』二九—三〇頁。
33——加納啓良『東大講義　東南アジア近現代史』めこん、二〇一二年、六三頁。
34——前掲『東大講義　東南アジア近現代史』三九—四一頁。中野亜里ほか『入門　東南アジア現代政治史〔改訂版〕』福村出版、二〇一〇年、四四—四五頁。早瀬晋三『マンダラ国家から国民国家へ』人文書院、二〇一二年、四七—四八頁。

35――前掲『東大講義　東南アジア近現代史』四一、九八―一〇一頁。前掲『入門　東南アジア現代政治史〔改訂版〕』四五、六三―六四頁。前掲『マンダラ国家から国民国家へ』四九―五一頁。
36――前掲『東大講義　東南アジア近現代史』一〇一頁。前掲『入門　東南アジア現代政治史〔改訂版〕』六四頁。
37――『ガウス回想録』三五頁。
38――『ガウス回想録』三五―三六頁。
39――『ガウス回想録』三六頁。
40――「馬来土人子弟の本邦留学ニ関スル件」『在本邦各国留学生関係雑件（中国留学生ヲ除ク）六．蘭領印度』外務省外交史料館所蔵（請求番号：1-1-2-0-3）。
41――『ガウス回想録』三三頁。
42――『ガウス回想録』三七頁。
43――『ガウス回想録』三七頁。
44――『ガウス回想録』三七頁。
45――『ガウス回想録』三八―三九頁。
46――『ガウス回想録』三九―四〇頁。
47――『ガウス回想録』四〇頁。
48――『ガウス回想録』四〇頁。
49――『ガウス回想録』四一頁。
50――『ガウス回想録』四一頁。
51――『アミナ回想記』四四頁。
52――『アミナ回想記』四四頁。
53――前掲『拓務時報』第四二号、昭和九年九月。同第四三号、昭和九年一〇月。
54――前掲『拓務時報』第四四号、昭和九年一一月。
55――前掲『拓務時報』第四八号、昭和一〇年三月。
56――前掲『拓務時報』第五〇号、昭和一〇年五月。
57――前掲『拓務時報』第五一号、昭和一〇年六月。

58――前掲『拓務時報』第五二号、昭和一〇年七月。第五三号、昭和一〇年八月。第五四号、昭和一〇年九月。第五七号、昭和一〇年一二月。第五八号、昭和一一年一月。第五九号、昭和一一年二月。
59――前掲『拓務時報』第五四号、昭和一〇年九月。
60――前掲『拓務時報』第五五号、昭和一〇年一〇月。
61――これは一九三三年五月に『経済週報』に掲載されたF・H・エンデルトの記事を訳したものである。前掲『拓務時報』第四五号、昭和九年一二月。
62――村上兵衛「インドネシアの若き獅子たち」『アジアに播かれた種子』文藝春秋、一九八八年、一六頁。
63――後藤乾一『昭和期日本とインドネシア――一九三〇年代「南進」の論理・「日本観」の系譜』勁草書房、一九八六年、四〇九―四四二頁。
64――『ガウス回想録』四一―四二頁。
65――『ガウス回想録』四四頁。
66――『ガウス回想録』四五頁。
67――『アミナ回想記』四二頁。
68――「神戸新聞」一九三三年一月八日、日曜日。
69――『ガウス回想録』四五頁。
70――『ガウス回想録』四五頁。
71――『ガウス回想録』四五頁。
72――『ガウス回想録』四六頁。
73――『アミナ回想記』四六―四七、三七三―三七四頁。
74――高田幸男「近代アジアの日本留学と明治大学」高田幸男編『戦前期アジア留学生と明治大学』明治大学人文科学研究所叢書、東方書店、二〇一九年、三―四二頁。
75――「ウスマン氏略歴」「日本新聞報」第一四七号、一九四四年六月二九日（木曜日）。井川充雄編・解題『戦時戦後の新聞メディア界――「日本新聞報」附・「満洲新聞協会報」』復刻版、第三巻、金沢文圃閣、二〇一五年、二七三頁。
76――『アミナ回想記』四六頁。

77——詳しくは、渋沢敬三記念事業公式サイト「渋沢敬三アーカイブ―生涯、著作、資料―」(https://shibusawakeizo.jp/:二〇一九年五月二二日検索)を参照。

78——『ガウス回想録』四九—五〇頁。前掲『昭和期日本とインドネシア』四八七頁。

79——B・アンダーソン著、白石隆・白石さや訳『定本 想像の共同体——ナショナリズムの流行と起源』書籍工房早山、二〇〇七年、二四—二五頁。

第一章

帝都へ——大アジア主義との邂逅

日本政府の「アジア回帰」

インドネシア人初の日本留学生が誕生した年は、近代日本にとっての大きな曲がり角だった。明治以来、欧米列強との協調関係を優先し、「脱亜入欧」に邁進してきた日本政府は、一九三一年の満洲事変の翌年に満洲国を建国した。そして、それがもとで国際社会から経済制裁を科されそうになると、三三年に国際連盟を脱退した。

孤立を深めた日本は、国粋化に舵を切った。新民謡「東京音頭」がヒットしたのも、鉄道省の肝いりで国威観光局が設立され、官民一体で国際観光ホテルが相次いで建設されたのも、この頃だ。[1] 小学校の国定教科書が改訂され、蒙古襲来を退けたとされる暴風雨を「神風」と教え、日本は神国であると強調されるようになった。[2] 現在から振り返ると、一九三〇年前後に現代がはじまったとされるほどの転換期であった。[3]

一九三〇年代半ばに日本政府は、東南アジアからの留学生の受け入れに前向きになった。三五年一二月には、日本語教育・留学生の受け入れ機関として財団法人国際学友会を発足させた。これには「アジア回帰」を国際社会に示そうとの思惑があった。

インドネシアからは、ウスマンとガウスを嚆矢として、一九三三年から四一年の開戦までの約一〇年間で十数名の留学生が続いた。彼らはいずれも私費で日本にやってきた。その後、戦時下の四三年と四四年に、日本政府肝いりの南方特別留学生制度によって、インドネシアからの八一名を含む、マラヤ、ビルマ、フィリピン、タイから、合計約二〇〇名が来日した。戦後は、五二年のインドネシア政府規程第三二号に基づき、対オランダ独立戦争（一九四五年八月―四九年一二月）に貢献した学徒隊の若者ら八五名が派遣されてきた。さらに、五八年に締結された日本とインドネシアの賠償協定に基づく賠償留学生三八四名、インドネシア政府派遣留学生（ピークだった一九九二年には六一〇名）が続いた。[4]

インドネシア人留学生史をこのように概観すると、戦前の私費留学生と戦時・戦後の留学生との間に断絶があることに気づく。ウスマンやガウスは、日露戦争後にベトナムからやって来た独立の志士たちを彷彿とさせるのだ。

ベトナム青年の東遊運動

一九〇五年、ベトナムの独立を夢見て民族指導者ファン・ボイ・チャウ（一八六七―一九四〇）が来日した。神戸港で下船し、神戸の旅館で一泊した彼は、清朝末期に起きた国政改革運動である変法運動の中心人物・梁啓超《りようけいちよう》に相談するため、夜行列車で横浜山下町へ向かった。梁は憲政本党の犬養毅に彼を引き合わせ、犬養は同党党首の大隈重信ら有力者に紹介した。フランスに対するベトナム人の抵抗運動のために軍事的援助を求めるファン・ボイ・チャウに対して有力者たちは、運動の担い手となる人材育成が急務であると助言した。それを聞き入れたファン・ボイ・チャウは、ベトナム独立後に立憲君主制を目指そうと、阮朝の王都フエ出身の皇族クオン・デ（一八八二—一九五一）をベトナムから日本に呼び寄せた。〇六年のことだ。こうしてベトナム維新会、ベトナム公憲会を結成し、来日する青年たちの勉学先の手配と宣伝活動とに奔走した。

ベトナム青年によるこうした日本留学運動は東遊《とうゆう》（ドンズー）運動と呼ばれた。この運動は一九〇七年にピークを迎え、日本に滞在するベトナム青年の数は二〇〇人近くにのぼった。しかし、フランス政府との友好関係を優先した日本政府は、同年六月に日仏協約を締結。翌年になって東遊運動の詳細を把握したインドシナのフランス当局は、東京のフランス大使館を通じて日本の外務省に働きかけ、日本の官憲を動かした。官憲当局は東京のベトナム人学生を警視庁に呼び出し、「不穏な動きがあれば厳重な処置をとる」と警告したのである。これをみてファン・ボイ・チャウは〇九年に日本を去っている。[5]

他方で本郷森川町の一角にいたクオン・デは、警察の目をかいくぐり、東京の京橋区、神田区、牛込区、神戸を転々としたが、牛込区で身柄を確保され、国外退去処分を受ける。ところが門司から出港した伊豫丸に乗り合わせた玄洋社の中村三郎の手引きで、上海で逃亡。その後、香港、ヨーロッパ、北京を経て再び上海に戻るも、極貧生活を強いられ、一九一五年に再び来日した。やがて犬養毅の妻の旧姓である南を名乗り、犬養邸や頭山邸に入り浸った。第二次世界大戦がはじまると、参謀本部越南課の会合に出るため、頻繁に参謀本部のある三宅坂に足を運んだ。「越南」とはベトナムのことである。[6]

日本軍がフランス領インドシナに進駐した後は台北に渡り、ラジオ放送局でマイクに向かい、日本軍への協力を祖国の人びとに訴えた。彼は日本の力を借りて祖国が独立した暁には、凱旋帰国できると信じていた。敗戦間際になって、参謀本部はクオン・デの祖国帰還を画策するも実現せず、日本に戻ってきていたクオン・デは、慶應義塾大学名誉教授・橋本増吉の、荻窪の自宅二階に身を寄せた。マッカーサーに自身の帰国を直訴し、大阪から船でバンコクへ向かうも上陸を拒否され、荻窪に舞い戻る。そして一九五一年に病死している。[7]

ウスマン、ガウスへの監視

ウスマンやガウスをはじめとする、インドネシアからの留学生たちも、母国の独立運動に奔走した。第二の東遊運動とも言い得るこの動きは、どのような経過をたどったのだろうか。

来日直後のウスマンとガウスの動向を密かに探っていた警視庁は、一九三三年一月一九日、藤沼庄平警視総監が、山本達雄内相、内田康哉外相、大阪府知事に宛てた文書で、ガウス、ウスマン、貿易商のジャワ人ノルデン、通信員のコサシ、その他、氏名不詳一名の計五名の入国を報告している。

それによれば、「五名の内ガウス、アブドルマジーの両名は本年九月石原産業会社の便船にて渡来」し、いずれも「思想的に覚醒したる智識階級に属する」という。「ビンタン・ティムール」紙の記事に触れて、この文書は、「本島人は須《すべから》く将来は多額の費用を要し然かも遠き和蘭本国への留学は之を中止し同人種中の優秀国たる日本に留学し将来の提携を計るべ」く留学を志したのだろうと推測している。さらに、最近オランダ領東インドでは民族運動とともに共産主義運動が台頭し、その中心はジャワ島からスマトラ島に移っているとの「南洋方面関係者の言」を引いて、「未た本邦との直接連絡なきも将来相当注意の必要あり」、「其の入京の目的及思想関係等に関しては厳重注意内査中に有之」と、留学生を共産主義者と疑っている。[8]

昭和初期に高揚した左翼運動は、権力による弾圧もあって、一九三〇年頃から退潮に向かった。一九二五年から三三年にかけて、特高警察[★1]が検挙した高等教育機関の在校生数は四一一五人で、検挙率は高校生が最も高かった。これは高等学校を温床にして、文学、哲学、歴史、思想方面の読書を通じて内省的に人格の陶冶を目指す大正教養主義と、社会改良の学問であるマルクス主義が結びつき、流行していたことを示している。[9]

日本政府もオランダ政庁も共産主義を警戒しており、協力関係にあった。このため、日本にもオランダ政庁の密偵がいた。来日から二年ほどが過ぎたある日、ウスマンの服のポケットに入っていた一通の手紙をみた恋人の長田露子（後述）は、驚愕した。それは谷口五郎記者からのもので、「この手紙を持っている者は危険なので用心せよ」とあった。露子はこの手紙を、ウスマンが監視されていることを示唆するものだと理解した。[10]

アジア主義者たちとの交流

日本の官憲当局の監視下にあってウスマンは、西欧列強の支配に苦しむアジア諸民族への同情から、アジア解放に関心を寄せる黒竜会系のアジア主義者たちと交流した。

黒竜会は、一九〇一年二月三日、東京・神田の映画館で産声を上げた。黒竜の名は、極東を流れる大河アムール川の別名・黒竜江にちなんでいた。主宰者の内田良平は、ロシアとの主戦論者だった。日露戦争がはじまると、彼は日本軍のサポートを試みる。満洲の馬賊と協力しての鉄道破壊やカムチャツカ半島への上陸作戦等を参謀本部に提案した。これらは退けられるも、戦争終結のあり方をめぐって、桂太郎首相、伊藤博文枢密院議長の信頼を勝ち取り、政府中枢に食い込んでいった[11]。

その内田の師で、顧問として黒竜会の後ろ盾となったのが、頭山満である。

頭山は、明治期に平岡浩太郎、箱田六輔、進藤喜平太《きへいた》らと政治団体・玄洋社を創立した右翼の大物である。玄洋社に加わったのは、士族反乱の潮流から自由民権運動へと合流した人びとであり、「天皇」、「ナショナリズム」、「国民主権」を原理に掲げ、欧米の帝国主義にもその矛先を向けていた[12]。

頭山は、朝鮮王朝末期に日本に亡命した政治家の金玉均と、一八八五年に神戸の西村旅館で会談して以来、金の一〇年に及ぶ亡命生活を助けた。この体験によってアジア主義に目覚めた頭山

★1 **特別高等警察（特高）** 各種社会運動の取り締まりを担当し、思想警察とも呼ばれた。一九一一年に警視庁のなかに設置され、一八年、全府県に特別高等課が置かれた。特高は内務省警保局保安課に統率され、密偵潜入、拷問、法の乱用を行い、悪名高かった。

は、玄洋社を通じて、東アジア、東南アジア、インド、イスラーム圏にまで活動の幅を広げていった[13]。

ガウスは一九三四年春にラデン・スジョノ、★2 留学生ユスフ・ハッサンと連れ立って、頭山邸を表敬訪問した。頭山翁は通訳の説明に頷き、よく分かったというように三人を見やった。そして、長い灰色のあごひげを右手でなでながら、「アジアのどの国も独立せねばならぬ」と言った。わずか三〇分ほどの訪問ではあったが、頭山の一言はガウスの琴線に触れた[14]。

後年、スジョノはウスマンについて、「頭山ら黒竜会系の人士の庇護下にあり、日本の超国家主義者と内密な関係を築いていた唯一人の留学生[15]」と評し、同じ明治大学で学んでいたウスマンとユスフ・ハッサンの二人は「頭山の心酔者であり、黒竜会を支持していた一人の資産家が経営していた開南寮に住んでいた[16]」と述べている。

このように来日から一年の間に、ウスマンとガウスは、アジア主義者の懐に入っていたのだが、それはいかにして可能だったのだろうか。

大亜細亜協会

その鍵は、日本の国際連盟脱退と時を同じくして創立された大亜細亜協会にある。

在野のアジア主義者で平凡社の創業者でもある下中《しもなか》彌三郎《やさぶろう》（一八七八―一九六一）に率いられたこの団体は、他の有力なアジア主義団体がもっぱら「大陸問題」に傾注するなか、インド、東南アジア、イスラーム圏にまで目を向けていた。[17] ガウスらは内幸町大阪ビル三階の同協会事務所に出入りし、その度に事務局長の中谷武世《なかたにたけよ》に歓迎された。ガウスは当時を振り返って、つぎのように述べている。

アジア諸国の留学生は、岩田氏に組織された亜細亜会、小林氏（シンガポールで会ったことのある）による亜細亜協会、市川氏による亜細亜青年連盟のもとに集まった。そうした中で、最も強力に運動を推進していたのが、内幸町大阪ビル三階にあった大亜細亜協会であった。私たちは、自分たちの国の民族主義運動、植民地政策、民衆の苦しみや、犠牲の状況などを紹介し、お互いに意見交換を行った。私はよく中谷氏の事務所を訪ねいつも歓迎してもらったが、そのような時は深刻な政治の話などはしなかった。[18]

第81回帝国議会の衆議院本会議で質問する中谷武世［1943年1月30日］　写真提供：朝日新聞社

★2　ラデン・スジョノ　在日インドネシア留学生会の第二代会長。一九三八年から約三年間にわたって東京外国語学校のマレー語教師を務めた。なお、ラデンはジャワ貴族の称号。

中谷武世は、一八九八年に和歌山に生まれた。東京帝国大学在学中から民族運動に参加し、一九二三年に同大法学部政治学科を卒業すると、一年志願兵として軍隊生活を経験。二五年に同大の大学院生として政治学を専攻した。大亜細亜協会が設立された三三年の四月に法政大学教授となり、政治外交史を講じる。そのかたわら、陸軍経理学校講師として憲法を教えた。四二年、和歌山の選挙区から衆議院議員に選出される。戦後は公職追放にあうも政界に復帰し、岸信介《のぶすけ》首相（一八九六―一九八七）の東南アジア歴訪に随行した。アラブ協会を立ち上げるなど精力的に活動し、勲一等瑞宝《ずいほう》章を授与されている。[19]

中谷によれば、大亜細亜協会の前身は、アジア問題を論究する学術的団体「汎アジア学会」である。八重洲ビルの一室にあったこの団体は、下中彌三郎、満川亀太郎《みつかわかめたろう》、中山優、今岡十一郎《じゅういちろう》、清水董三《とうぞう》、中平亮、宇治田直義、ラース・ビハーリー・ボース、クオン・デらとともに中谷が設立した。一九三二年春には、下中、中谷、満川、宇治田、中山、今岡、中平、中谷らによって、汎亜細亜学会が設立された。これを拡大強化する形で三三年三月に発足したのが、大亜細亜協会だった。その創立趣意書の原案を書いたのが中谷で、彼は大亜細亜協会のブレーンだった。会頭には当初、近衛文麿《このえふみまろ》を予定していたが貴族院議長に就任したため、松井石根《いわね》が就いた。大亜細亜協会の人脈は近衛を筆頭に、政界、外交界、軍部、学界、財界、文壇などに及んだ。[20]

大亜細亜協会は、一九三四年に大連で開催された全亜細亜民族会議大会に深く関与していた。

この大会は、日本が東アジアの盟主であることを確認し、日本を中心とする「新東亜秩序」を阻むイギリスに挑戦状をつきつけることを意図していた。

一九三四年一月二〇日、芝琴平町《しばことひらちょう》にある晩翠軒という料亭で、きたる大連会議に向けての準備会が開かれ、日本人四六名と外国人一〇名が出席した。このなかにウスマンとガウスの姿もあった。日本側の主な出席者は中谷武世、全亜細亜協会代表の今里準太郎、宮崎竜介、田中香苗《かなえ》、南条徳男。外国人側はインド独立の志士ラース・ビハーリー・ボース、K・B・シンハ、ソハン・シン、K・R・サバルワル、ビルマ人モンサン・ニヨン、ベトナム人陳安福、タイ人チャラオ、トルコ・アフガニスタン代表ライフ、そしてウスマンとガウスであった。大連での本会議に出席する予定のウスマン、陳安福、チャラオ、ライフ、永井了吉、今里準太郎らが所信表明をし、これに対して中谷武世、宮崎竜介、南条徳男らが激励の辞を送っている。[21]

一九三四年二月一一日、「満洲国」大連ヤマトホテルで開かれた全亜細亜民族会議第三回大会で、ウスマンは唯一の「インドネシア民族代表」として出席し、演説をした。[22] この会議には日本人一四名、アジア諸民族代表一三名の計二七名が参加したが、日本側との根回し役を務めたのが、京都帝国大学に学び、関東軍の諜報活動に関与し、イギリスの情報機関から「満洲国ナイル」と渾名《あだな》されたA・M・ナイル（一九〇五—九〇）[23] だった。[24] ナイルはR・B・ボースの側近でもあった。

アジア経済連盟結成や被圧迫民族解放のための日本による努力促進などが決議されたこの大会は、大亜細亜協会の後援によって実現したものだが、その背後には「満洲国」と満鉄があった。

その証拠に、同大会会長には「満洲国」駐日代表の鮑観澄《ほうかんちょう》、事務局長には満鉄庶務課長の石原重高、顧問には満鉄理事の十河信二《そごうしんじ》が、それぞれ就任している。[25]

二人の演説

一九三五年、日比谷公会堂で大亜細亜大会が開かれたときも、ウスマンとガウスはインドネシア代表として出席した。ガウスに声をかけたのは中谷武世で、それは大会の二週間前の出来事だった。[26]

大会当日は晴れだった。当時の模様について、ガウスはつぎのように回想している。

> 私は大会会場に四五分遅れて到着し、R・ビハーリー・ボース氏の隣に座った。会場には大きな日の丸の旗が掲げられていた。来賓席に座っているのは誰だか分からなかったが、おそらく陸軍か海軍の首脳か政治家であったろう。私は頭山満翁の姿を見つけ、中谷氏にも挨拶した。インド、フィリピン、インドシナ、アフガニスタンからの代表が来ていた。私は落ち着いて自分のスピーチの順番を待っていた。私はまず、一九〇八年の最初の民族主義的な組織ブディ・ウトモ、オランダでのインドネシア留学生による民族主義運動「インドネシア協会」の歴史的背景から話を始めた。ついでスカルノとハッタの指導のもとに、四五〇〇万の人々が独立に向けて強く団結していること、三〇〇年ものオランダ植民地支配[★3]は苦難と悲

惨をもたらしたこと、オランダの鉄拳政策が民族主義的な高揚を抑圧したこと、家宅捜索、逮捕、尋問、裁判なしの投獄や刑罰は、政治警察の常套手段であること、言論、集会、出版の自由はないことなどを話した。そして「独立は全世界の国民の生得の権利です。私たちは他の国民と同じように独立したいのです。誰もそれを抑えることはできません。力を合わせましょう。力を合わせて新しいアジアを築きましょう。アジアは一つです」としめくくった。私は満場の聴衆から熱狂的な拍手を受けた。こうして大会は無事終わり、閉会式では、頭山満翁の音頭で、万歳が三唱された。[27]

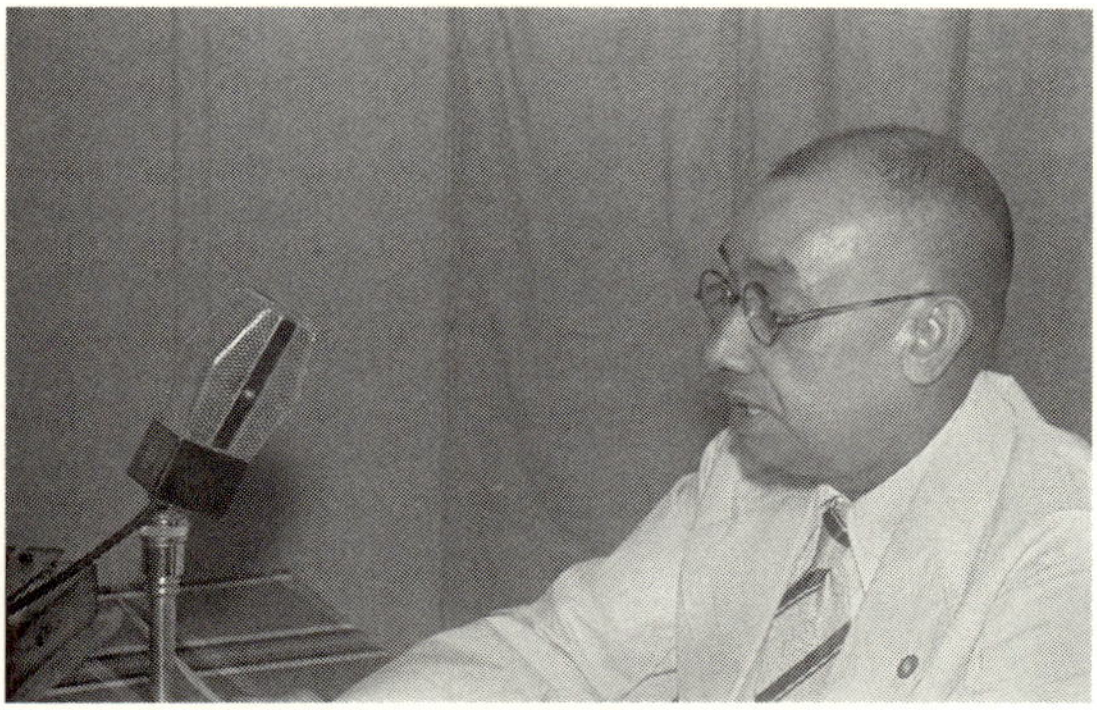

放送するラース・ビハーリー・ボース［1942年8月6日，バンコク］
写真提供：共同通信社

演壇を降りたガウスは、商業視察団を率いて来日していた「ビンタン・ティムール」紙のパラダ・ハラハップ

★3 **オランダの植民地支配** オランダの植民地化は俗に「三〇〇年」、あるいは「三五〇年」の支配といわれる。これは一六〇二年に世界最初の株式会社でもあるオランダ東インド会社（VOC）が設立され、その翌年にバンテンに商館ができ、オランダがジャワ島に進出したことを起点とし、日本軍の侵攻を受けた一九四二年を終点としている。

団長、スカルノ氏の右腕ガトット・マンクプラジャらから祝福を受けた。彼は大会を振り返り、「インドネシアでは世間を驚かす大ニュースに違いないし、オランダにとっては好ましからざるものであろう」と述べている。以来、ガウスは「小さなボース」と呼ばれるようになった。[28]

一九三五年二月二一日、午後六時。大阪ビルのレインボーグリルで開催された亜細亜民族同志懇談会にも、ウスマンとガウスは招かれた。他の来賓は、R・B・ボース、K・R・サバルワル、チヤマン・ラル、D・パンデイ（以上インド）、橿抵（クオン・デ、日本名・南一雄）、陳福安（以上安南）★4、孫錯（満洲国）であった。協会を代表し、菊池武夫評議員の挨拶と、クオン・デの謝辞ではじまった会合は、会食を経て中谷武世幹事の司会の下、座談会に移った。まずインドのD・パンディ、ついでベトナムの陳福安、そしてインドネシアのウスマンから「蘭領印度の民族運動」の説明が、ガウスから、日本からオランダ領東インドへの輸出超過を是正するため、前年六月に日本政府とオランダ政庁間で行われた通商交渉である第一次日蘭会商の説明があり、インドの「ヒンドゥスタン・タイムス」特派員チヤマン・ラルの発表、犬塚惟重《これしげ》理事、菊池武夫評議員、佐藤忠雄幹事、ボースらの意見交換を経て、一〇時に散会している。[29]

中谷から発言を促されたウスマンは、席上、つぎのように話をしている。なお、ウスマンとガウスはこの会議に個人資格で参加していたことから、大亜細亜協会の会報誌上では、ウスマンの名前は「ウ〇〇〇」、「A・M・O」、ガウスの名前は「ゴ〇〇」、「M・G・S」と伏字またはイニシャルで表記されている。それほどまでに二人はオランダ当局に知られないように用心していた。

御承知の如く約三世紀の間、我がインドネシアは外国の支配の下に在るのであります。が、我がインドネシア国民は、この三世紀の異国の統治のために、今や自分の意思を自由に表白することが出来ない立場に在るのであります。彼等白人は我が国民に政治的、経済的、文化的に色々圧迫を加えたのでありますが、就中《なかんずく》最も著しいものは我が国民の自由意思を抑圧したということであります。白人支配者は一面に於《おい》て外国に向って、人民と政府との間には極めて協調が保たれている、政府は人民に人類愛的奉仕を行っているという風に宣伝しているのでありますが、事実はこれに反し政府は極めて専制的であり、人民の圧迫にこれ努め機関銃と剣の威力を以《もっ》て我々の意思を蹂躙して居るのであります。かくの如き圧迫を加えて居りながら然も政府と国民との間に協調が保たれている、或は政府は人民に向って人類愛的奉仕を施しているというのは、欺瞞も甚だしきものであります。斯《か》かる状態に在る我が国が、純然たる独立国家と全然違った状態に在《あ》ることは言うまでもありません。独立国家ではすべての人民と自由と平等を得て居り、人民と統治者とは一体でありますが、然《しか》し植民地であるインドネシア或は印度に於てはそうでないことは言うまでもないのであります。外国の支配を

★4 **安南** ベトナムの旧称で、日本では二〇世紀半ばまで用いられていた。

受けていない独立国家に於ては人民は自由意思を持ち、それぞれ議会に参集して、人民の代表として自由にその意思を述べることが出来ます。国民の利益のために、政府と人民が相協調するの機会を得て居ります。しかしインドネシアに於てはそういう機会を持てないのであります。

以上が独立国家と然らざる植民地の相異でありますが、しかし我がインドネシア国民がこれに対して常に圧迫を除こうとして果敢に闘争をつづけていることは勿論であります。植民地に於て政府と人民の利益は全然一致していない。適例は昨年バタビアに於て開かれた日蘭会商についても見ることが出来ます。この日蘭会商に於てはインドネシア人民を代表する者は一人も出ていないのでありまして、和蘭《オランダ》官吏のみが所謂蘭印側を代表して居るのであります。

私は大亜細亜協会が日本国民とインドネシア国民とが直接に相会するの機会をつくって下さることを心から希望する者であります。我々は今やインドネシアの独立を目指して努力しているのでありますから、政府と人民の利益が益々相反して来ているのは言うまでもありません。[30]

ついで中谷はガウスに、ウスマンの発言に「補足」するよう促した。

嘗《かつ》て英国と独逸《ドイツ》のみが東洋に於ける市場を独占していた頃に於きましては、和蘭人は沈黙を守っていたのであります。英国と独逸の製造者のみが互に協同してインドネシアの市場獲得に懸命になっていたのであります。然るに千九百三十年になりまして、日本には安価なる品をインドネシアに輸出するようになりました。そして日本の安い品はインドネシア国民にとって非常な魅力でもあったのであります。何故ならば丁度インドネシアの国民が不景気に悩んでいる時、安い日本品が現われて国民を助けたからなのであります。当時政府では官吏の淘汰、俸給の削減により予算の辻褄を合わせようとしていた時であり、国民の購買力は極度に委縮していた時であってインドネシアの労働者が悉《ことごと》く賃銀の著るしい減少を受けるに至ったのであります。そういう不景気な時に安価な日本品の進出が行われたのでありまして、私は当時国に居て知って居りますが、一日二十銭の賃銀を得ている貧しい労働者がその賃銀によって安い日本の綿布を買い、これを家族全部に着せることが出来たのであります。今インドネシア人が希望していたことは、この安い日本品が経済的に少しでも長く不況の下のインドネシア人を助けて呉れるようにということであります。私は最近日本の経済が精神的「皇道主義」によって発達せしめられつつあるのを非常に嬉しく考えて居ります。が私はこの「皇道主義」による日本の経済的発達が全亜細亜に漲《みなぎ》ることを心から希望致します。[31]

ウスマンの発言とガウスの発言を比べてみると、ウスマンが真正面から政治に斬り込み、舌鋒鋭くオランダ当局を批判しているのに対し、ガウスは経済面についての慎重な物言いに留まっているとの印象を抱く。

実際、ウスマンは様々な会合に積極的に顔を出し、その度にインドネシア人がオランダによって抑圧、搾取、分断されていると好んで話していた[32]。ウスマンとガウスを中心とする初期留学生の活動は規模が小さく、オランダ政府に直接脅威を与えるものではなかった。それでも、東京のオランダ総領事館は、留学生がアジア主義者と交わることを警戒していた[33]。

実際、日比谷公会堂での演説から約二カ月後、ガウスは突然、丸の内のオランダ総領事館から呼び出しを受けている。当時彼は、アジア人留学生のためにR・B・ボースがつくった淀橋の亜細亜学生寮で、何人かのインドネシア人留学生と一緒に下宿していた。不安に思いながら赴くと、演説について咎められることはなかったものの、「帰国してから医師として開業するのは困難です。日本の医学学位は認められていません。これ以上日本にいても時間とお金の浪費です。もし私だったら、さっさと帰国しますよ[34]」と、暗に帰国を促された。

在日インドネシア留学生会、結成

この間、第二の東遊運動にかかわっていたのは、つぎの若者たちだった。

大阪で工学を学ぶスディブヨは、中ジャワ・ソロの出身。技術を学ぶスギト、ハッサン・バスリ。化学を学ぶスゥィト。商学を学ぶサリムはアラブ系で、両親はバティック商[★5]。同じく商学を学ぶスミント。経済学を学ぶアミル・ハッサン、ユスフ・ハッサン、ユリー、ウマルヤディ。ジャーナリズムを学ぶマスフッド・ハルジョクスモ。★6 彼らは中ジャワの出身者だった。技術を学ぶルスリ・サレーはソロの長老の息子、名古屋で製陶術を学ぶハルン・アルカマルは養豚業で成功した人物の義理の息子で、いずれも西スマトラ出身。後に日本軍が侵攻してきた際にパダン憲兵の通訳を務めた。その他、ハッタの叔父の息子で当時はまだ高校生だったジョン・ライス、ハッサン・バスリ、★7 ジョハン、マリオ、トニーと呼ばれたラデン・マス・カルトノなどがいた。[35] こうしたインドネシア人初期留学生たちは、各地の富裕な商人を中心とする中間層の出身で、家族から送金してもらったり、アルバイトでお金をかせいだりしながら、学んでいた。[36]

彼らは定期的に上野のプルワダルミンタ邸に集まった。

一九三三年末のことである。いつもの集まりでガウスは留学生のための親睦団体の設立を提案した。こうして、留学生同士の相互扶助を活性化し、インドネシアの民族と国家の名声を高めることを目的に、在日インドネシア留学生会が結成された。オランダ総領事館から干渉されるのを

★5 **バティック** 腰巻、腰衣などの伝統衣装に用いられる、ろうけつ染め技法。日本では「ジャワ更紗」として知られる。二〇〇九年に世界無形文化遺産に指定された。

★6 **マスフッド・ハルジョクスモ** 一九三四年から三年間東京に滞在し、頭山満の薫陶を受けた。上智大学、文化学院、日本文化連盟などに出入りした。

★7 **ハッサン・バスリ** パダン出身。興亜学院南方語学校インドネシア語部で講師を務めた。

嫌って、規則規約の類は設けなかった。組織の中心はガウス会長、ウスマン書記、プルワダルミンタ会計係に、アミル・ハッサン、ルスリを加えた「ビッグ・ファイブ」が担った。組織の会合はプルワダルミンタ邸で年に数回ほど開かれ、年次総会のかわりに祝日に集まって、経験したことや日常生活を語り合った。会費は月極めだったが、三、四カ月分をまとめて支払った。会食の場合は客人側が負担し、交通費は自弁だった。政治団体ではなかったので、日本の団体との交流はなかった。ただし、ガウス、ウスマン、ユスフ・ハッサンのように個人的にかかわりを持つことは自由だった。[37]

ユスフ・ハッサンは、ウスマンと同じ明治大学で経済学を学び、「ウスマンの立場をよりラディカルにし、かつ実践に移した」かのような青年だった。[38]

ハッサンと横森、その出会い

ハッサンは、西スマトラのパダンパンジャンのキリスト教徒の家庭に生まれた。一九〇四年九月二六日のことだ。一一年七月、東ジャワのレンバン県ボジョヌゴロのヨーロッパ人小学校（ELS）に入学し、六年で修了。一八年七月から二一年六月までパダンパンジャンの中学校（NLS）で学んだ後、母方のスラバヤに移り、同年七月から二六年五月まで商業高等学校（BAS）に通っている。二六年六月にはスマトラに戻り、バタビア石油会社（BPM）の書記として仕事を始め、安定した生活を手に入れたが、三年後の二九年八月に退職してしまう。彼は職を転々とした挙句、右派の大インドネシア党に入党し、メダン支部の幹部となる。しかし、党がオランダ政庁の弾圧を受け、地方幹部への追及が厳しさを増すと、ハッサンは窮地に立たされてしまう。[39]

一九三三年五月一〇日午後四時。メダンのインド人による紹介状を持参したアチェ人の青年が、シンガポールの横森義教《よこもりよしのり》のもとを訪れる。同月一八日夜一〇時、その青年はハッサンを伴って再びやってきた。ハッサンは背が低く痩せこけて、顔は浅黒かったが、吊り上がったような目でギョロッと睨みつけられているようだった。横森に対してハッサンは、独立運動の同志がジャワで投獄されるのをみてシンガポールに逃げてきた、日本で独立運動はできないかと訴えた。このときハッサン二八歳、横森二六歳だった。[40]

横森は一九〇六年一一月二一日、神奈川県愛甲郡南毛利《なんもうり》村（現在の厚木市）長谷の豪農の家に生まれた。六人兄弟の三男だった。〇九年三月九日に同地の士族の養子となり、旧姓・広瀬を改め、横森姓となった。横森家は、武田家、真田家につかえ、江戸末期には幕府にも出仕したほどの名家だった。地元の小学校、そして平塚農学校を出て台北農林学校に進学し、二七年に台北帝国大学理農学部への入学を許可される。[41]

進学を控えた同年三月、彼は「ジャワ日報」スラバヤ支社を頼りにジャワへ船旅に出た。その船上で陳立甫と出会う。福建人の陳は神戸の中学を卒業後、早稲田大学法科で学び、台湾、香港を経て綿布貿易会社のスラバヤ出張所に勤務していた[★8]。この出会いは横森の人生航路を大きく変えた。陳はノルウェー人の救世軍大尉やタン・マラカから共産党員に引き合わせた。彼に導かれるまま、横森はスマトラ、シンガポールと渡り、インドネシア独立の志士たちと交流を深める。そして一九三〇年にシンガポールで創設された南洋時代社の総合雑誌『南洋時代』の発足に関わる。[42]

彼は東京に向かい、末永節《みさお》、内田良平、頭山満、中野正剛らの後援の下に設立された「南洋青年ホーム」日本指導本部の資金援助を得てシンガポールに戻り、ベンクーレン・ストリート五〇号に青年ホーム南洋本部を、マレー半島のペナン、スマトラのパダン、メダン、パレンバン、カリマンタン（英語ではボルネオ）のポンティアナックに支部を、それぞれ設けた。[43]

横森がハッサンに出会ったのは、そんなときだった。当時、ハッサンはインドネシア共産党による蜂起に参加し、その後、左翼民族運動に参加したことでオランダ官憲に追われる身だった。横森は日本内地の受け入れ準備ができないことを理由に、ハッサンの訴えを断ったが、岩田愛之助門下の金子啓蔵が、[★9]一九三三年九月にハッサンを東京へ連れてゆく。ハッサンにとって、事実上の亡命である。その後、横森は『南洋時代』の廃刊によって同年一二月にシンガポールから帰国し、翌年に上京した。その時、朝鮮・満洲に移った金子が、日堂則義宅にハッサンを放置していったと知り、後楽橋のアパートに引き取る。[44]

横森とハッサンの共同生活は、「真冬でもふとん一枚で、新聞紙を食卓とし、一銭入れると一銭分出るガスを使用するというみじめな生活」だったという。「それでもそこはマジド・ウスマン、マユディン・ガウス、ルスリ・サレフ、タジュデン・ヌール（貿易商）などのインドネシア青年の活気あふれた梁山泊とされていた」[45]。一九三五年五月、再来日したハッサンは、横森ら七名の同志と、渋谷区常盤台の頭山満邸内で合宿生活をしている。★10ただし、横森とウスマンの折り合いはあまり良くなかったようである。かつて渋谷の安アパートを紹介したところ、ウスマンが「汚い」と不平を漏らした。それを横森は語気鋭く、つぎのように難じている。

日本人として我々が如何《いか》にジャワ独立自由の為に苦心しているか、然るに革命を口にするジャワ青年として何んたる態度であるか。故国には和蘭圧勢の為に如何に生活苦と戦っている同胞が待っている事か。同志ハッサンの苦境すら救う事もせずアパートが汚いなぞ言語道

★8 **タン・マラカ**（一八九七―一九四九）革命家。オランダ留学中、社会主義思想に傾倒。帰国後、インドネシア共産党の活動家となる。一九二二年に国外に追放されると、コミンテルンの工作員として中国、東南アジアで活動。四二年、帰国。潜伏生活を経て四五年に活動再開。スカルノ、シャフリルらに対抗して闘争同盟を結成し、対オランダ武装抵抗を掲げたが、ゲリラ戦中に死亡。

★9 金子のネットワークには、スラバヤの南洋倉庫の半田治三郎、トゥルアグンの南従義、バンドゥンの佐藤茂、バニュワンギの竹井天海がいた。一九三八年、オランダ政庁は金子を逮捕し、オランダ領東インドから追放している。

★10 その後、ハッサンは日本軍に軍事援助を求め、一九三六年に天津入りするが、日本軍に連行され、スパイになることを強要されてしまう。ジャワに戻るも、オランダ官憲に逮捕される。バンドゥンの町田泰作を頼り、町田と佐藤信英の手助けにより四一年に日本に密航。築地、鎌倉で過ごし、開戦後、海軍軍司令部の短波放送局から、祖国に向けて独立と日本軍への協力を呼びかけた。独立戦争をゲリラの小隊長として戦う。六四年、死去。

断と云うべし。ジャワ青年志士とは斯んなものか。[46]

横森は、ウスマンが参加した大連での大亜細亜民族会議についても、実際に運動に関わっている者には望ましいものではなかったと、冷ややかであった。[47]

在日インドネシア留学生会は、文系主体の硬派の小規模組織ながら、祖国の民族主義運動と密接な関係にあった。[48]彼らは政治運動には慎重な姿勢をとる一方で、インドネシア民族主義の主流派を形成していた在オランダ留学生会（インドネシア協会）への対抗心は強く、日本への期待感は決して小さくなかった。[49]

「ジャワのガンジー」、ハッタ

ここまでインドネシア人留学生に対する大亜細亜協会と、日本の官憲、オランダ当局の反応をそれぞれみてきたが、当時の市井の日本人はインドネシアをどう観ていたのだろうか。

それを知る手がかりとして、一九三三年三月初旬のモハマッド・ハッタの訪日がある。

ハッタの訪日は、バタビアのパサール・スネンでジョハン・ジョホール商店を経営する伯父のアユブ・ライスが商談のため、日本の実業家とともに日本へ行くことになり、その相談役として同行を誘われたことによる。[50]

彼らを乗せた日本船ジョホール丸はシンガポールを出港し、神戸港に入り、一行は大阪と神戸の間にあるホテル甲子園に宿泊した。関西滞在中のおよそ一カ月間、ハッタは会社やデパートをめぐり、大阪の紡績工場、京都の文化遺跡、奈良の刀工、名古屋の養鶏場を訪れた。そして五週目に東京に向かい、陶器工場、中等工業学校を訪問し、帝国議会副議長と日本料理屋で面会。彼の勧めで印刷工場と繊維工場を視察した[51]。

東京から大阪に帰る汽車のなかで、ハッタは「私の日本旅行を取り巻く危険を深く感じた。オランダのコレイン首相は、私が疑惑の国、日本に来たことを聞けば、勿論、快く思わないだろう。ましてや日本の新聞は私のことを『ジャワのガンジー』と呼んでいるのだ。幸い、私に近づこうとする日本政府を回避することはできた。もし私が満州国への招待を受けたら、ジャカルタとオランダ本国の新聞から、途方もない激しい攻撃を受けただろう。インドネシアの民族運動も、私が日本帝国主義の道具になるつもりかと怒ったはずだ[52]」と思ったという。

このようにハッタは日本を冷静に観察しており、それはインドネシア人民運動党の政治思想に影響を与えるものであったが、なぜか彼は日本で「ジャワのガンジー」と称賛された。

一九三三年四月一五日付の「大阪毎日新聞」は、「アジアの人の血はたぎる　日本を慕うて瓜哇のガンヂ　こよい、憧れの来朝　重き使命を双肩に」の見出しを掲げ、ハッタの写真を掲載し、紹介している。

それによれば、ハッタは「国民独立党の首領で天涯孤独、三十一歳の青年志士」で、「同じ独立派のソカルノ氏〔引用者注：スカルノのこと〕と比肩する有力者」。モットーは「オランダの教育から解放されて土人の教育は土人自らが行え！武器を禁ぜられるわれ等は経済生活の向上をもって独立の第一歩を踏め！」。今回の来日の背景には、貿易を通じて近づく両国関係があるとして、つぎのように指摘する。

今土人の着るもの履くもの飾るもの全ての日常必需品が為替安以来日本品のみをもって満されているのにオランダ、支那の仲介商人が暴利を貪るのを見て消費者の土人と生産者の日

モハマッド・ハッタ（「大阪毎日新聞」1933年4月15日）

本人が直接取引したい念願を起し、同氏の来朝も物質的に見るならばこの両者間の直接接触に重きを置いているのだ。

日本の文化、勇気そして同じ血を汲む人種であることがインドネシアンの中に同朋的の感情を生かしすでに昨年ウスマン君ほか二名の私費留学生を見たが、今回のハッタ氏の来朝は精神的にも経済的にも遠くは神代伝説的の昔から倭寇の活躍時代、そして現在の経済的緊密の両者間の離るべからざる接触をさらに深めるものと重視せられ拓相はじめ各方面とも懇談するものと見られている。[53]

ここで、一年前にウスマンとガウスが留学したことに触れられていることに注目したい。日本側は、右派の大インドネシア党の影響を受けていた二人と、それとは相いれない政治思想をもっていたハッタを同一視していた。

大亜細亜協会本部直属の「青年亜細亜連盟」は、ハッタのために歓迎会を開き、そこにはR・B・ボースやクオン・デも出席した。[54]

日本側の勝手な歓迎をよそに、帰国直後、ハッタは論文「日本はアジア回帰を欲するのか」を発表し、日本の近代化の原動力は欧米列強への劣等感であり、当時の日本のアジア回帰熱の背景には「西欧諸民族の模倣」があると指摘した上で、「西欧諸国から彼らと同じ地位の民族としてみなしてもらうために、彼らと同じことをしようとする意識」こそが日本の本質で、日本は「最近ようやく自分自身の誤りに気づいたが、時すでに遅しである」と結論づけている。[55]
ハッタの回想記には出てこないが、東京来訪時にガウスとウスマンは帝国ホテルでハッタに面会している。ハッタは、「寒い気候に耐えられるか」、「日本社会に適応できるか」、「日本人やオランダとの間に何かトラブルはないか」など、あれこれ尋ねた。それに対してガウスとウスマンは「上々だ」、「今のところ別にありません」と答えた。また「漢字は難しい」というと、ハッタは「漢字は最も難しいし、一生懸命勉強しなくてはならないものだ」と同意した。「専門は」と聞かれ、ガウスは「医学」、ウスマンは「経済学」と答えた。ガウスはハッタに誘われ、日光見物に同行している。[56]
ハッタはガウスの仲介で、青山にあるボース邸で、余人を交えずボースと二人きりで話をしている。一〇時半から一一時半までのことだった。その間、ガウスは控えの間で待機していたという。[57]

ウスマンの大恋愛

ウスマンの留学生活に転機の兆しが訪れたのは、一九三五年頃のことだった。
都内の社会福祉関係の会合で、彼は日本女子大学社会事業学部（現社会福祉学科）生の長田《おさだ》露子《つゆこ》（一九一四年一〇月四日生まれ）と運命的な出会いを果たす。[58]
戦前の学校制度は、義務教育を修了した後は、庶民の学校と上流階級の学校が並列して存在する複線型の学校制度で、複雑だった。[59]小学校を卒業して進学する中等学校には、中学校、高等女学校、実業学校などがあったが、五年制の中学校は上級の高等教育を受けるための必修コースで、中学生はエリートだった。戦前の教育は男子優先で、男女が別々に学習する男女別学がとられていた。女子は高等女学校を出ればよい縁談がきたと言われていた時代である。昭和に入ってからも、農村の小学校で女学校に進学するのは、地主階級の家庭の子女が大半だった。[60]

こうしたなかで日本女子大学と東京女子大学は、正式には専門学校ながら、大学令公布以前から大学を名乗ることを許されていた由緒ある私立女子校である。ともに三年の予科コースと三年の本科をもち、高等学校であっても大学と同じ年限の教育を行っており、女子の高等教育に注力していた。[61]

ウスマンと知り合ってしばらくして露子は、彼が日本で幅広い人脈を築いていることに驚く。渋沢敬三、荒木貞夫大将、貴族院★11議員、社会党議員などとも交際していた。[62]

ウスマンは露子に対し、オランダからの独立後にインドネシアの政治、経済、社会を繁栄させるために、日本の文化や科学技術を学びに来たと説明した。彼はインドネシアが日本のような先進国になれば、オランダを駆逐できるとの理想に燃えていた。[63]

★11　**貴族院**　成年皇族男子（終身）、三〇歳以上の公爵・侯爵（終身）、伯爵・子爵・男爵（互選、任期七年）、三〇歳以上の叙勲・学識者からなる勅撰議員（終身）、帝国学士院互選議員（任期七年）、朝鮮・台湾勅撰議員（任期七年）、多額納税者互選議員（任期七年、地主層と個人商工自営業者）から構成された。

そんなウスマンの夢に共感した露子は、彼が協同組合に興味があると知り、実家のある甲府に連れていった。彼女の父・長田瑛《あきら》は、当時、農民の生活水準向上のために尽力していた。『山梨県議会史』に「地方屈指の地主」と記述される彼は、一九三一年に中巨摩郡東部各村を糾合し、竜王駅前に組合製糸・模範社を設立、初代社長に就任した。四九年まで経営に携わり、蚕糸業の発展に貢献している。三六年には大鎌田村外一ヶ村組合長にもなっている。[64] 四〇年に発行された『山梨人事興信録』には、山梨県養蚕組合連合組合長、中巨摩郡農会長、山梨県農業保険副会長、中巨摩郡養蚕業組合長を歴任したと書かれている。[65] 当時、野菜組合、果物組合、家畜組合といった各種組合のなかで最大のものは蚕糸組合だった。

『山梨県蚕糸業概史』によれば、明治後期から大正期にかけて山梨県蚕糸業の黄金時代を築いた「最大の先覚者」にして「恩人」は八田達也で、全国に先駆けて繭検定所を設置した「最大の功労者」は当時県会議員であった長田瑛であるという。その甲斐あって、大日本蚕糸会から、八田は恩賜賞、長田は第二種功績賞を授与されている。[66]

長田瑛を通じてウスマンは、組合活動とその原理を学んだ。相互扶助、愛情、勤労、無私の精神で、組合長は模範的で規律正しくと、瑛は教えた。[67]

長田瑛（一八七六―一九五七）は、父・長田敦厚と母・たきの長男として生を受けた。札幌農学校、東京英和学校を出て、一八九七年に早稲田大学の前身にあたる東京専門学校英語政治学科を卒業し、高等文官試験に合格。外交官として働こうとした矢先に父が死去し、甲府に戻った。[68]

英語政治学科の同級生一七人のなかには、同じ山梨県出身の埴原正直《はにはらまさなお》がいた。埴原は、領事補として中国のアモイを振り出しに、朝鮮、米国の領事館に勤務。通商局長・政務局長を経て、外務事務次官にまで登り詰めた。

郷里の二川村に戻った瑛は、一九一五年九月に中巨摩郡会議員、二三年一〇月に若槻礼次郎の民政党から立候補して県会議員となり、二七年一〇月まで務めた。その後、中巨摩郡農会長、畜産組合長、二川村農会長、養蚕実行組合長などを歴任。趣味は狩猟で、長く県の狩猟会長をつとめた。書画、骨董の愛好家としても知られた。彼の三人の弟はそれぞれ東京農業大学、東京外国語学校、京都帝国大学を卒業し、ひとりは米国に渡航し、もうひとりは弁護士となっている。[69]

父だけでなく、次女である露子の親兄弟には高学歴者が多かった。母親のふじみ(一八八六―一九六二)は東京跡見女学校を卒業、長男は東京帝国大学文学部で社会学を専攻し、日本経済新聞社に就職。次男は法政大学法学部を卒業後、歩兵現役兵として応召し、日中戦争を陸軍歩兵曹長として戦う。長女は東京跡見高等女学校を卒業。三男は東京農業大学、三女は県立甲府高等女学校を、それぞれ卒業している。[70]

長田家の敷地は約一万平方メートル(一ヘクタール)もあり、居住用と客用の二つの大きな家屋に分かれているほか、長屋門(両側に長屋のある門)があった。米蔵などさまざまな倉庫を所有し、面積にして一六〇平方メートルあった。[71]「ロンドン・タイムズ」の購読者で、[72]富士山周辺にも土地をもち、洋風ホテルとゴルフ場をこの地に建設し、スウェーデン人の支配人を雇った。[73]

戦前の日本は格差を許容し、「持てる者」と「持たざる者」に二極化されていたが、長田は典型的な前者だった。学歴社会で、貧富の差が固定化されていた当時、たとえば、下谷《したや》万年町、芝《しば》新網《しんあみ》町とともに「三大スラム」と呼ばれた四谷鮫ケ橋《さめがばし》では、鮫ケ橋小学校に通う児童の実に二六パーセントが残飯を主食にしていた。他方で、課税最低限が国民の平均年収よりもかなり上に設定されていたため、低所得者の多くは税負担と無縁だった。一九三五年頃に所得税を納めていたのは国民のわずか五パーセントである。納税は「名誉」と考える人が多かった。[74]

二〇一〇年に筆者が長田周子《ひろこ》（露子から改名）に話を伺った際、長田家が「多額納税者」であったことを得意気に語ったのも頷ける。[75] 実際、一九二八年の『山梨人事興信録』には、長田瑛が「多額納税者」と紹介されている。[76]

露子はウスマンを知るにつれ、日本に留学してきた若者たちの活動に関心をもち、困窮者を助けたいとの思いを深めた。東京郊外ですでに二年間、社会福祉活動をしていた彼女は、両親の束縛から独り立ちをし、誰かのために何かをしたいと考えていた。より重要なのは、地位や名声ではなく、自尊心だった。当初、松江春次《はるじ》が経営を担った国策製糖企業・南洋興発で福祉活動に従事することを希望したが、当時、大卒の良家の子女が俸給をもらう仕事につくのは望ましくないとする風潮があり、両親の反対にあって挫折していた。戦前の日本で女性は男尊女卑の社会規範に縛られて一人前扱いされず、両親が選んだ男性と結婚するのが当然とされた。しかし彼女はそうした風潮に抗った。ウスマンと出会い、彼を同志と感じた彼女は、ウスマンの夢を応援しようと、プロポーズを受け入れ、オランダ領東インドに一緒に行く決心をした[77]。

両親ははじめ、家の恥だといって猛反対した。とくに母親は「土人」と結婚して外国に行くなんてと、偏見丸出しで反対した。娘の気を変えようと、両親はオランダ領東インドが「後進国」であると解説した「ブリタニカ百科事典」(初版)を読ませ、「苦労する」と忠告した。しかしそれも承知の上だったので、彼女の決意が揺らぐことはなかった。最後は両親が折れて、オランダ領東インド行は認められたが、実際に行くとなると、事は容易ではなかった。金銭の問題だけでなく、女性が旅券を取得することの難しさもあったからだ[★12]。また、オランダ政庁も一九三〇年代以降、日本人の入国を制限しようとして、入国に際して多額の費用を要求していた。父は山梨県知事にかけあって、旅券を取得してくれた。そればかりか、入国に必要な費用と船券、さらには、小遣いまで渡してくれた。それらの総額は家一軒を建てる分の価格に相当した[78]。

山梨から東京に出た露子は、弁慶橋のホテルに宿泊し、ウスマンと渡航準備をはじめた。帝国ホテルの中国レストランに、親しい友人と活動家を招いた。彼らから美しい着物をもらい、彼らを証人に、ウスマンとの結婚とオランダとの闘いを宣言した。その際、「もしウスマンが同じ民族の女性と結婚する場合は、それを隠さず、また露子が日本に帰れるように離婚する」ことを約

★12　明治初期に外務省発給の旅券を携えて海外渡航した日本人女性は、一八七一年の津田梅子が最初であるといわれる。しかしそれ以前にも、長崎在留の英仏、清国の男性に同行して上海に渡った遊女たちがいた。

束した。[79]

貧民街の視察

ウスマンは、母国の発展のために参考となる場所に連れて行ってくれと、露子に頼んだ。そこで露子は、東京湾近くの本所と深川に案内した。[80]

当時、そこには貧民街が広がっており、日本女子大学時代に彼女が社会福祉活動をしていた内務省の外局社会局があった。そこで露子は、貧しい人を収容する施設で暮らす各家庭の貧困状況を、家族構成員ごとに書類にする仕事をしていた。深川には九条武子が創設したあそか病院があり、福祉事業に協力していた。あそか病院はチベット、インド、オランダ領東インド、ビルマなどにもあった。ウスマンを連れて訪れた婦人セツルメント（託児所、保育園、産児調節・健康相談所など）は、日本女子大学の先輩で女性運動家の奥むめお[★13]が運営していた。そのほか、露子とウスマンは本所の私立孤児院に行った。そこは社会運動家で牧師の賀川豊彦[★14]が建てた大きな施設で、キリスト教組織が支援していた。賀川は政府と協力して、本所の貧困者のための住宅を建てていた。露子とウスマンは、東京市嘱託医の馬島僩《まじまゆたか》が運営する病院も訪れた。馬島は、アメリカの産児制限運動の創始者マーガレット・サンガー（一八七九―一九六六）と良好な関係にあった。[81]

貧困をなくすためには「社会」を変える必要があるとして、「社会」が「発見」され、都市下層へまなざしが向けられるようになるのは、第一次世界大戦後の大正時代の中頃から昭和の初期にかけてのことである。中央官庁や地方自治体、その他の団体によって、統計的手法を用いた社会調査が数多く行われた[82]。

そのような光景は、ウスマンの目に新鮮に映じたことだろう。

こうして貧民街の視察をした後で、ウスマンと露子はオランダ領東インドに向けて旅立つ準備をした。

日本に滞在しているあいだ、ウスマンは多くの本と手紙を手元に置いていた。しかし、ほとんど持ち帰れなかった。帰国の準備をするなかで、彼は重要なものだけを選んだ。オランダ官憲の疑いの目をかわすためだった。ウスマンは長らくオランダ官憲とその協力者に監視されていた。本のほかに拡声器を持ち帰った。当時、拡声器は母国にはなかった。ウスマンはそれがあれば、演説を多くの人に聞かせることができると考えたようだ[83]。

ウスマンは三年間の留学生活を終え、露子とともに一九三六年八月、甲府、そして東京を経由し、神戸港から南洋海運所有の日本船に乗り、祖国に戻った[★15][84]。

★13 **奥むめお**（一八九五―一九九七）福井県出身。一九二〇年、平塚らいてうとともに新婦人協会を結成。解散後、職業婦人社を設立。三〇年には本所に働く女性のための婦人セツルメントを設立している。戦後は三期一八年にわたり参議院議員を務めた。

★14 **賀川豊彦**（一八八八―一九六〇）兵庫県出身。神戸神学校時代に、神戸貧民街での伝道に携わる。米国留学を経て、教鞭を執るかたわら労働運動、農民運動、協同組合運動に尽力した。一九二〇年の小説『死線を越えて』がベストセラーとなる。

しかし、スラバヤのタンジュン・メラ港に着くやいなや、待ち構えていたオランダの官憲に拘束され、警察本部に連行されて取り調べを受ける。それは一週間におよび、所持品と本を没収された。彼は二人の官憲と激しく口論した。スラバヤ領事の長兄が保釈金を払ってようやく解放され、ジョクジャカルタを経てバタビアの日本領事館で結婚申請を行い、船でパダンに向かった。そして一九三六年一〇月、ミナンカバウの民族衣装に身を包み、結婚式を挙げた。[85]

ウスマンが帰国した年の春、大インドネシア党総裁のストモ博士と民族銀行頭取のブンドロ・スジョノ夫妻が訪日した。ガウス、ユスフ・ハッサン、スミント、スウト、スジト、サリムが交替でガイド兼通訳を務めた。[86]ウスマンがそうであったように、在日インドネシア人留学生の多くは大インドネシア党系の人士の縁故者であった。[87]

一方、ガウスは、その後どのような時間を過ごしていたのだろうか。一九三九年三月にガウスは東京慈恵会医科大学の卒業試験に合格し、無事に学士号を取得、同年九月に東京を後にし、父が移住していたシンガポールに向かった。[88]

ウスマンとガウスの間には微妙な緊張関係があったようだ。同じ時期に来日し、活動をともにしながら、二人の回想には不自然なほど相手への言及がない。二人は良き友であるが、ライバルでもあったのかもしれない。

こうしてインドネシア人初の日本留学生は、日本を去った。

しかし、ほどなくして彼らは、日本人と再会することになる。それを可能にしたのは、戦争だった。日本軍政下、独立の志士として活動するウスマンとガウスは、対日協力という問題に直面するのである。

★15 ウスマンと入れ替わるように、一九三六年八月二〇日に来日したビルマ商人のウ・フラは、神戸港で検疫官、警官、税関吏らから厳しい取り調べを受けた後で上陸を許された。船に乗ってきた入国管理の役人からの質問攻めには閉口したが、日本人の長所と短所を見比べると、どちらかというと長所の方が多いと、回想記『ビルマ商人の日本訪問記』(連合出版、二〇〇七年)のなかで述べている。

1――齋藤桂『一九三三年を聴く――戦前日本の音風景』NTT出版、二〇一七年。砂本文彦『近代日本の国際リゾート――一九三〇年代の国際観光ホテルを中心に』青弓社、二〇〇八年。
2――遠山茂樹・今井清一・藤原彰『昭和史〔新版〕』岩波書店、一九五九年、一〇八頁。
3――成田龍一『近現代日本史との対話【幕末・維新―戦前編】』集英社、二〇一九年、三七〇―三七一頁。
4――有川友子『日本留学のエスノグラフィー――インドネシア人留学生の二〇年』大阪大学出版会、二〇一六年、一三四―一三六頁。倉沢愛子『戦後日本=インドネシア関係史』草思社、二〇一一年、一三三―一三五頁。
5――白石昌也『日本をめざしたベトナムの英雄と皇子――ファン・ボイ・チャウとクオン・デ』彩流社、二〇一二年、四一―一三八頁。
6――森達也『クォン・デ――もう一人のラストエンペラー』角川書店、二〇〇七年、一二九―一三五頁。
7――前掲『クォン・デ』二三六―二六四頁。
8――「蘭領東印度留学生渡来ニ関スル件」『在本邦各国留学生関係雑件(中国留学生ヲ除ク)六、蘭領印度』外務省外交史料館所蔵(請求番号:1-1-2-0-3)。
9――百瀬孝監修・亀岡修『よみがえる戦前日本の全景――遅れてきた強国の制度と仕組み』毎日ワンズ、二〇一五年、二一〇、二一一頁。福間良明『「戦争体験」の戦後史』中央公論新社、二〇〇九年、二六―二八頁。
10――『アミナ回想記』四八頁。

11――中島岳志『アジア主義――西郷隆盛から石原莞爾へ』潮出版社（潮文庫）、二〇一七年、二八六―三〇三頁。
12――前掲『アジア主義』八五―一〇七頁。
13――前掲『アジア主義』一〇八―一一〇、一四三―一四五頁。
14――『ガウス回想録』六六頁。
15――前掲『昭和期日本とインドネシア』四九二頁。
16――前掲『昭和期日本とインドネシア』四九三頁。
17――後藤乾一『東南アジアから見た近現代日本――「南進」・占領・脱植民地化をめぐる歴史認識』岩波書店、二〇一二年、二七九頁。
18――『ガウス回想録』五〇―五一頁。
19――中谷武世『昭和動乱期の回想　下　中谷武世回顧録』泰流社、一九八九年、著者略歴。
20――前掲『昭和動乱期の回想　下』三四八―三六一頁。
21――前掲『昭和期日本とインドネシア』一六一―一六二頁。
22――『アミナ回想記』三七四頁。
23――ナイル・A・M著、河合伸訳『新版　知られざるインド独立闘争』風濤社、二〇〇八年、一六一―一六二頁。
24――前掲『昭和期日本とインドネシア』一六三頁。
25――松浦正孝『「大東亜戦争」はなぜ起きたのか――汎アジア主義の政治経済史』名古屋大学出版会、二〇一〇年、二一二頁。
26――『ガウス回想録』五四頁。
27――『ガウス回想録』五四頁。
28――『ガウス回想録』五四頁。
29――「大亜細亜協會々報」『大亜細亜主義』一九三五年三月号、一〇五頁。
30――「亜細亜民族運動座談会」『大亜細亜主義』一九三五年三月号、五四―五五頁。
31――「亜細亜民族運動座談会」『大亜細亜主義』一九三五年三月号、五五頁。
32――『アミナ回想記』四六頁。
33――前掲『昭和期日本とインドネシア』四九五頁。

34――『ガウス回想録』五六頁。
35――『アミナ回想記』四九頁。『ガウス回想録』五一頁。
36――前掲『昭和期日本とインドネシア』四八七頁。
37――『ガウス回想録』五一―五二頁。
38――前掲『昭和期日本とインドネシア』四九二頁。
39――増田与「インドネシア人の日本観――ジョセフ・ハッサン論序説」『社会科学討究』第二〇巻第二・三合併号、早稲田大学社会科学研究所、一九七五年三月、一〇一―一一四頁。
40――前掲「インドネシア人の日本観」一一四頁。
41――増田与『インドネシア現代史』中央公論社、一九七一年、一二三頁。
42――前掲『インドネシア現代史』一二三―一二七頁。
43――前掲『インドネシア現代史』一二七―一二八頁。
44――前掲『インドネシア現代史』一二八―一三〇頁。
45――前掲『インドネシア現代史』一三〇頁。
46――『横森義教日記』一九三六年一月一〇日、前掲『昭和期日本とインドネシア』五二八頁。
47――前掲『インドネシア現代史』一三〇頁。
48――後藤乾一『日本占領期インドネシア研究』龍溪書舎、一九八九年、二一五頁。
49――後藤乾一『近代日本とインドネシア――「交流」百年史』フマニタス選書一一、北樹出版、一九八九年、六五―六六頁。
50――モハマッド・ハッタ著、大谷正彦訳『ハッタ回想録』めこん、一九九三年、三一三頁。
51――前掲『ハッタ回想録』三一四―三二四頁。
52――前掲『ハッタ回想録』三二六頁。
53――「大阪毎日新聞」一九三三年四月一五日、土曜日。
54――前掲『昭和動乱期の回想　下』三八二頁。
55――後藤乾一「アジア主義の変遷――大亜細亜協会の言説を通して」前掲『東南アジアから見た近現代日本』二八二頁。

56――『ガウス回想録』五八頁。
57――『ガウス回想録』五九頁。
58――『アミナ回想記』三九頁。
59――前掲『よみがえる戦前日本の全景』一九四頁。
60――前掲『よみがえる戦前日本の全景』一八九―一九三頁。
61――前掲『よみがえる戦前日本の全景』二〇八―二〇九頁。
62――『アミナ回想記』三九―四〇頁。
63――『アミナ回想記』四三―四四頁。
64――山梨県議会事務局編纂『山梨県議会史』第三巻、一九七四年、一二四五―一二四六頁。
65――甲府興信所蔵版『第三版　山梨人事興信録』非売品、一九四〇年、四三一頁。
66――小宮山寛六編『山梨県蚕糸業概史』山梨県養蚕業概史刊行会、一九五九年、一五〇―一五一、一五三、五〇一―五〇二頁。
67――『アミナ回想記』五七頁。
68――『アミナ回想記』一四―一五、二〇頁。
69――前掲『山梨県議会史』一二四六頁。前掲『第三版　山梨人事興信録』四三一―四三二頁。『アミナ回想記』二三―二四頁。
70――前掲『第三版　山梨人事興信録』四三二頁。『アミナ回想記』一七―一八頁。
71――『アミナ回想記』二一頁。
72――『アミナ回想記』一六頁。
73――『アミナ回想記』二一頁。
74――前掲『よみがえる戦前日本の全景』一六〇、一七一―一七二頁。
75――長田周子へのインタビュー、二〇一〇年一月一二日、南ジャカルタの自宅。
76――甲府興信所蔵版『第二版　山梨人事興信録』非売品、一九二八年、二六九頁。
77――『アミナ回想記』五八―五九頁。
78――『アミナ回想記』五九―六〇頁。

79――『アミナ回想記』六一頁。
80――『アミナ回想記』六二頁。
81――『アミナ回想記』六二―六五頁。
82――有馬学『日本近代四――「国際化」の中の帝国日本　一九〇五～一九二四』中央公論新社、二〇一三年、三一〇―三一一頁。
83――『アミナ回想記』六一―六二頁。
84――『アミナ回想記』六五―六六頁。
85――『アミナ回想記』六七―七二頁。
86――『ガウス回想録』六二頁。
87――前掲『近代日本とインドネシア』六六頁。
88――『ガウス回想録』六九、七一頁。

第二章

特務機関

――日本軍の東南アジア占領

ジャワへの上陸作戦

一九四一年一二月八日、大日本帝国陸軍第二五軍はイギリス領マレー半島コタバルへの上陸作戦を決行し、ついで大日本帝国海軍空母機動部隊が米領ハワイ・オアフ島の真珠湾軍港を攻撃し、「大東亜戦争」の火ぶたが切られた。開戦の主眼は南方資源地帯の占領にあった。そこには石油などの天然資源が豊富なオランダ領東インドの攻略も含まれていた。

不意を突かれた連合軍の準備不足にも助けられ、作戦は予想以上に早く進み、二月にはシンガポールやパレンバンを落とし、いよいよジャワへの上陸作戦がはじまった。

その任務にあたったのが、陸軍第一六軍である。治集団と称されるこのジャワ派遣軍は、今村均軍司令官、岡崎清三郎参謀長に率いられ、軍主力（第二師団）、第四八師団、那須支隊、坂口支隊、東海林支隊などから構成された。

インドシナのカムラン湾からジャワを目指す佐倉丸には、那須支隊に配属された柳川宗成《もとしげ》中尉[★1]のほか、ジャワ宣伝班長の町田敬二中佐[★2]に率いられた、長髪の文化人らも乗船していた。飯田信夫（作曲家）、富沢《とみさわ》有為男《ういお》（作家）、大宅壮一（評論家）、大木惇夫《あつお》（詩人）、横山隆一（漫画家）、河野鷹思《たかし》（グラフィックデザイナー）、阿部知二《ともじ》（作家）、浅野晃（詩人）、松井翠声《すいせい》（活動写真弁士）、日夏英太郎（映画監督）の一行であった。[1]

日本軍はジャワ島北部の三地点からの上陸を図った。西部のバンタム港からは、軍直轄指揮の

ジャワ島

丸山兵団が、中部からは東海林支隊が、そして東部からは坂口・土橋兵団が、それぞれ進軍した。[2]

このとき、柳川中尉ら一八名は那須支隊に編入され、バンタム港の西側から、軽戦車を積んだ舟艇で砂浜に上陸した。彼らは、一般の兵隊に先駆けて敵地に潜行するという、特殊な任務を帯びていた。そこで銀輪部隊（自転車で行軍した陸軍部隊）を追い越し、ランカスビトゥン橋梁を確保するため、セランに向かった。途中二度、イギリス軍に遭遇し、武装解除に成功している。湾の方で砲声と閃光弾が飛び交うなかで、柳川は捕虜の将校の一人の右手がかすかに動いたとみるや、彼の首筋に軍刀を力一杯、振り下ろしていた。そして次々と捕虜を突き刺した。イギリス兵の死体をそのままにしてセラ

★1 **柳川宗成** 一九一四年、徳島市生まれ。三四年、拓殖大学専門部商科南洋語組に入学し、三七年に卒業。航空兵になることを志し、三八年に福岡県大刀洗陸軍飛行四連隊に入営、千葉県佐倉の下志津飛行学校に入校。ついで水戸飛行学校、東京飛行学校で教育を受けた。翌年、少尉に任官し、晴れて下級将校となる。

★2 **町田敬二** 一八九六年、東京生まれ。陸軍幼年学校を経て、陸軍士官学校卒業。日中戦争時に大隊長。戦争末期に西部軍報道部長。敗戦時、大佐。

ンの街に一番乗りした一行は、二手に分かれた。[3]
上陸二日目。村はずれに野宿した柳川らは、夜になるのを待って、蘭印軍の秘密監視所を襲った。翌日、雨が降るなか、山の手を目指して移動中に、佐藤参謀から情報収集と後方攪乱のために潜行し、ボゴールの部隊に合流するようにとの命令を受ける。[4]

陸軍中野学校

柳川中尉が特命を与えられたのには理由があった。一九三九年一二月から翌年一〇月にかけて、彼は陸軍中野学校で諜報員としての特殊訓練を受けていたからである。

東京のＪＲ中野駅北口を降りて、北西に向かって歩くと、緑豊かな公園がすぐにみえてくる。二〇一三年に明治大学と帝京平成大学の新キャンパスがそれぞれ開校し、平日は学生、休日は親子連れで賑わう。帝京平成大学の向かい側、早稲田通りに面する東京警察病院一帯は、かつて陸軍中野学校の学校本部や講堂、学生寮、実験棟、運動場、射撃場などがあった。今では警察病院の敷地内に、警察大学校の跡地から移設された、高さ一メートル四〇センチの碑「陸軍中野学校趾」が、わずかにその存在を伝えるのみである。

中野学校は、一九三七年に岩畔《いわくろ》豪雄《ひでお》中佐が、牛込区戸山に秘密の防諜施設「山」を創ったことに端を発する。これに秋草《あきくさ》俊《しゅん》中佐が協力し、中野学校の開設準備は急ピッチで進められた。三八年には秘密工作員の養成学校として、兵務局の予算で防諜研究所が設立された。この研究所は、

陸軍中野学校跡［2013年，東京都中野区］
著者撮影

三九年に後方勤務要員養成所、四〇年には陸軍中野学校と、二年半の間に二度も改称している。[5]

岩畔中佐、秋草中佐と並ぶ中野学校の創立者と目されているのが、福本亀治中佐である。三人のなかでは所属期間が最も長く、学校運営の最大の功労者であった。創立当初は、インテリジェンスの教養をじっくりと身につけさせ、秘密工作員を育成することを意図したが、開戦後は、拡大した前線の特務機関員、情報将校を養成することになった。戦局が悪化して正規軍が弱体化すると、それを補うゲリラ工作員としての役割を期待されるようになる。一期生一八名を送り出した後、中野学校の卒業生は急増し、最終的には二三一八名を数えた。このうち六〇九名は、静岡県磐田郡二俣町の二俣分校で二、三カ月の教育を受け、激戦地に派遣された。[6]

柳川の同期には、後にジャワで任務をともにすることになる富木、三宅、土屋競、米村の各中尉、熊谷、片山両軍曹がいたが、このときは宿舎が別で、互いの存在すら知らなかった。その一方で、学生隊長の伊藤佐又少佐と、学生係の丸崎義男（通名・裕康）中尉のことは、二人とも背広を着て頭を七・三にしていたから、よく覚えている。[7]

本人の回想によれば、その年の秋に陸軍省に出頭を命じられた柳川は、「秘密戦戦士として滅私奉公、皇国発展の捨て石となれ」と言い渡され、そのままバスで中野まで運ばれた。

宿舎に入ると、「柳井」という偽名の名札が部屋に掲げられていた。点呼の際、名前は勝手につくれと言われ、柳川はなるべく簡単なものをと考えて「守」とした。同期は二六人で、みな偽名で呼び合った。軍服を着ることは稀で、頭髪は伸ばすように命じられ、黒サージの背広が制服として支給された。[8]

教官陣は、学科の心理学、術科の空手を除いて参謀本部と陸軍省の現役の部員で、一般教養基礎、外国事情、語学、専門学科、術科のほか、実科として「服装を変化変形させる」変装、「顔つきを変える」変貌、暗号解読、暗号作成、秘密通信法、秘密インキとその発見法、親書の開緘《かいかん》法、チョッキのボタンに取り付ける腹巻式写真機、超小型のライター式写真機、手提げ鞄に装置した8ミリ撮影機の操作法、火薬、放火資材、時限爆弾の製法、細菌の取り扱い方など多岐にわたる内容で、一年一カ月の間にかなり高度な教育を受けていた。[9]

一九四一年一月、参謀本部付の将校となった柳川は、一一月に中尉に昇進。同月に大分県別府市で結婚。それからほどなくして出征した。[10]

ジョヨボヨの予言

柳川中尉、富樫武臣通訳、永田秀男通訳、捕虜の四人は大急ぎで変装した。[11]

肌を少しでも黒くみせるため、全身の露出部に椰子油を塗った上でコーヒーの粉をこすりつけた。天秤棒と荷籠をかつぎ、縁なし帽をかぶった。臙脂《えんじ》色の帽子に小型のブローニング拳銃を携行した柳川に対し、あとの三人は蛮刀を腰につけ、裸足となって、柳川、富樫、捕虜、永田の順で一列縦隊で進んだ。[12]

夜陰に乗じて水田と村道を横切る。石の多い村道では血だらけになり、さすがに靴をはいた。村落では伝単《でんたん》（謀略宣伝のために使用された小型のビラ）を散布した。コーヒーの粉を塗るのは気持ちが悪かった。柳川は拳銃を股間につり下げていたので、睾丸に時折あたり、飛び上がるほど痛かった。[13]

夜が明けてバナナ畑に潜り込むと、赤い帽子をかぶった日本人を捕まえると賞金がもらえるとの話し声が聞こえ、肝を冷やした。やがて、日中の炎暑に閉口した一行は、捕虜を解放した。日が暮れると夜陰に乗じて再び動き出し、泥水を飲み、草の根をかじりながら前進した。[14]

二日目。朝から雨が降り、全身濡れ鼠となった三人は、すっかり体力と気力を奪われてしまった。華僑と偽って蘭印兵の小屋に向かうも、四人のアンボン兵★3に囲まれ、拳銃を構えて威嚇し、椰子の実をとらせた。空腹に椰子の実をつめこみ、再び雨道を歩く。しかし足の爪ははがれ、肉刺《まめ》と傷だらけになった。[15]

★3 **アンボン兵** インドネシア東部のマルク諸島のアンボン島とその周辺部出身者からなるオランダ植民地軍兵士。同地域では、一八九〇年頃からキリスト教徒が増加し、親オランダの風潮が強まった。アンボン兵は、オランダ政庁から特権的な地位が与えられていた。

ふと民家が視界に入ったので、行ってみると、家の老婆が柳川の足下にひれ伏し、何やら語りかけてきた。[16]

富樫いわく、それがジョヨボヨの予言であった。[17]

予言は、一二世紀中頃のジャワで栄華を極めたクディリ朝の名君ジョヨボヨ王を讃えた歴史書『バタラユダ』のつぎのような記述にもとづく。

ジャワ暦の一九七〇年（西暦二〇三九年）に白人に対して聖戦が起こり、平笠（中国人のこと）は下流に流され、トゥンタン川は血で赤く染まり、ジャワ人は再び自治を獲得するが、それも長くは続かない。黄色人種の王がまたジャワを支配するからだ。聖戦に先だって線が地上に巻き付き、遠距離でも話ができるようになり、馬なしの車が走り、距離が大した問題ではなくなる。[18]

これに目をつけた日本軍は、上陸を成功させる上で心理的な材料としてこの予言が使えると判断し、「――日本軍の上陸を告ぐ。日本軍はジョヨボヨ陛下の予言を実現するためインドネシアに上陸する。ジョヨボヨ陛下の御言葉である『黄色人種が北方より来たり、オランダの圧制よりインドネシアを解放すべし』ということを忘れてはならない。――黄色人種に協力しよう――[19]」との文言の宣伝文をあらかじめ作成し、空中から播《ま》いていた。

老婆が自分のことを救世主だといって礼拝をしていると知った柳川は、感激した。[20]

そして、つい先ほどまで、ここで死んだら誰が自分たちのことを伝えてくれるのだろうと案じていたのが嘘のように、自信と勇気がもりもりと湧き上がり、「よし、俺は死なんぞ。ほんとうにインドネシアの救世主になってやろう」[21]と誓ったのであった。

その日に振る舞われた、バナナの青葉に盛られたナシゴレン（焼き飯）と、二切れのデンデン（甘い乾燥牛肉）、オンチョム（納豆）の味は格別だった。[22]

食事の提供を受けた後、老婆の息子と孫がボゴールまでの道案内を買って出てくれ、三人は無事に部隊に合流することができた。[23]

連合軍への降伏勧告

その頃、西ジャワに上陸した軍主力は、その一部を北方に向かわせ、第二師団と那須支隊をバンドゥンへと通じる中央街道に進めていた。

一方、エレタンに上陸した東海林支隊は二手に分かれ、それぞれバンドゥンに急進していたところ、思いがけなく、間道からバンドゥン背面の高地に出た。

三月六日、プンチャック峠まで偵察に行くことを佐藤参謀に命じられた柳川は、富樫をともなって日本軍の最前線に出た。決死行をともにして以来、柳川は富樫のことを「親父」と慕うようになっていた。車を調達し、道路を確認してボゴールに帰還。佐藤参謀から、「柳川、戦いの先は見えたぞ。問題はバンドゥンだ。ひとつバンドゥンに乗り込まんか」と打診され、「よし、バンドゥンを突こう」と決心した。オランダ領東インド陸軍省のあるバンドゥンは、連合軍にとって、文字通り最後の砦であった。[24]

翌日の早朝、インドネシア人に変装した柳川は、富樫とプンチャック峠に向かった。この峠で日本軍の歩哨から馬車を一台借り受けた。[25]

チアンジュルに到着すると、そこは富樫がかつて小売商をしていた頃に住んでいた地で、県長以下住民の歓迎を受けた。このとき浄土真宗本願寺第二二世宗主で探検家の大谷光端《こうずい》（一八七六―一九四八）のサインが入った日章旗を掲げて出迎えたのが、ガトット・マンクプラジャであった。彼は、スカルノとともに国民党を組織し、副党首をつとめ、スカミスキン刑務所に三年間投獄された経験をもつ大物民族主義者で、貿易代表団員として東京を訪問した際に、大亜細亜協会主催の会議（一九三三年一二月開催）に参加した数人のインドネシア人の一人だった。

一九六四年にガトットにインタビューした歴史家のジョージ・S・カナヘレは、「この会議で彼は指導的な国家主義者の荒木貞夫大将や岩田文夫のような、何人かの日本人に会って話をする機会を得、彼らがあきらかにインドネシア民族運動に関心をよせており、道義的支援を申し出たことに深い感銘をうけた。ガトットは、このような待遇と約束をえたことを喜んで、ジャワへ戻っていった。彼は、それ以後、確信をもって汎アジア主義およびインドネシアのナショナリズムの支持者としての日本のことを鼓吹することになる」[26]と記している。[★4]

昼過ぎには那須部隊長以下、日本軍が到着した。夜半の偵察から戻ってくると佐藤参謀が現われ、「柳川、疲れたろうが、バンドゥンの敵司令部へ降伏勧告しに行かんか」という。[27]

第三八師団の東海林支隊に一番乗りをされては第二師団の顔が立たないとの提案に、「承知しました。親父、行くぞ」と富樫に声をかけた柳川は、夜半に車を走らせ、三月八日未明、バンドゥンの陸軍省に乗りつけた。[28]

衛兵に向かって「テル・ポールテン中将に、日本軍から面会に来た。案内せよ」と迫る。サロン（スカート状の腰衣）を左肩から斜めがけにし、その下で右手に拳銃を握って車を降りた柳川は、十数人の高級将校を前に、陸軍長官のハイン・テル・ポールテン中将への面会を求めた。まもなくパジャマ姿で現われた中将に一時間近くかけて降伏を説いた。[29]

この逸話は、柳川の数ある武勇伝のなかでも、とくに有名である。

二〇〇一年に全国の東宝系の劇場で公開された映画『ムルデカ　17805』（藤由紀夫監督）でも、柳川が潜入する一幕は克明に描かれているが、実際には潜入したのではなく、正面から堂々と車で乗りつけたのである。また、降伏勧告に踏み切ったのは、すでに戦局の大勢が決して

★4　一九四三年九月七日にガトット・マンクプラジャは、インドネシア人の軍隊の設立建白書を第一六軍司令官に提出。そのことが新聞で報じられた後、大きな反響を呼び、各地で同様の建白書を提出する者が相次いだ。一〇月三日、軍司令官の原田熊吉中将は、治政令第四四号を公布し、ジャワ、マドゥラ、バリでジャワ防衛義勇軍（ＰＥＴＡ）の設立を発表した。

おり、東海林支隊に一番乗りの手柄を渡したくなかったからであった。

ところが、いざ停戦交渉が始まると、その交渉を仕切ったのはバンドゥンに最も接近していた東海林支隊であった。このときに生じた第二師団と東海林支隊の確執は、結局ガダルカナルの戦いにまで持ち越されたというから、当時の日本軍内における競争意識、縄張り意識がいかに強かったかが窺い知れよう。[30]

八日午後四時、今村軍司令官とファン・スタルケンボルグ総督、ハイン・テル・ポールテン陸軍中将との会見が開かれ、連合軍は全面降伏を受け入れた。一〇日、日本軍はバンドゥンに無血入城を果たす。連合軍九万八〇〇〇に対し、日本軍の兵力は総勢五万五〇〇〇に過ぎなかったが、日本側の損害は戦死者八四五、戦傷者一七八四にとどまった。[31]

こうして開戦から三カ月後に日本軍は、当初の目標であったインドネシアを占領した。

その主役となった陸軍が、参謀レベルで南方問題に関心をもち始めたのは、実は開戦のわずか一年半ほど前のことである。いかに短期間で事態が進展したかがわかるだろう。

開戦の原因をめぐっては相当数の研究の蓄積がある。松浦正孝はその大著のなかで、台湾、朝鮮、中国大陸、フィリピンに支部を構えた大亜細亜協会が「緩やかな汎アジア主義で結びつくイデオロギー・ネットワーク」であったことに着目し、その膨張から「大東亜戦争はなぜ起きたのか」を説明している。[32]

大亜細亜協会は一九四一年七月に、大政翼賛会の外郭団体「大日本興亜同盟」に発展的解消を遂げる。

軍政開始

日本は東南アジアの占領地のうち、インドネシア、ビルマ、マラヤ、フィリピンで軍政を敷いた。軍政とは、戦争終結までの一時的な措置として、軍隊が行政・司法・立法権の全部または一部を掌握する体制のことである。

具体的には、陸軍第一六軍（治集団、今村均中将）がジャワを、第二五軍（富集団、山下奉文中将）がマラヤ、スマトラを、第一五軍がビルマを、第一四軍（渡集団、本間雅晴中将）がフィリピンを、それぞれ統治した。[★5]

一方、オランダ領カリマンタン（ボルネオ）、スラウェシ（セレベス）、小スンダ列島、モルッカ群島、ニューギニア、バリ島などは、日本が永久に確保すべき地域とされ、海軍民政府の支配下に置かれた。これらの地域の「民政」は、実際には強権的な「軍政」に他ならなかった。

要するに日本はジャワを第一六軍、スマトラを第二五軍、その他を海軍というようにインドネシアを三分割したが、海軍が主に担任した地域は占領地よりも戦場が多く、また戦略的な要衝で

★5　インドシナ三国は日仏共同で支配していたが、一九四五年三月に日本は明号作戦によってハノイ、サイゴンなどのフランス駐留軍に攻撃を加えて政庁を接収、ベトナム、ラオス、カンボジアを表向きは独立させ、実質的な軍政下に置いた。また、タイとポルトガル領東ティモールは軍事進駐にとどめた。

あっても、占領地の面積や人口規模、政治・経済的な重要性という点では、陸軍による占領地の方が圧倒的に高かった。[33]

一九四三年六月の段階で、軍政関係者の人数は陸軍支配地域だけで四万人にのぼり、在留邦人などの非戦闘員をあわせると、東南アジア占領にかかわった日本人は優に二〇〇万をこえた。これほどの日本人が東南アジアに向かったのは初めてのことで、日本の東南アジア占領は、そこに暮らす一億四〇〇〇万をこえる人びとを支配した、巨大なプロジェクトであった。[34]

満洲や中国占領地を「非公式帝国」として支配していた日本は、東南アジア地域に対しては、第一次世界大戦後の多国間での国際協調に基づく脱帝国主義的な「新外交」に逆行する軍政によって直接的に支配し、統制経済的な発想にもとづく「軍直営交易」によって石油などの天然資源や米などの農作物を確保しようとした。当初それはうまくいったが、やがて船舶不足や水害などによって深刻な米不足が起こり、この試みは失敗した。三年半にわたる日本の占領は、多くの餓死者を生み出した。[35]

軍政初期は、作戦部隊と緊密な連繋の下に推進されていたことから、緊急軍政とも呼ばれる。この時期、ジャワでは中央に軍政部を置き、ジャカルタ、ソロ、ジョクジャカルタを直轄地域とし、西部地域はバンドゥンに司令部を置く第二師団が、東部地域はスラバヤに司令部を置く第四八師団が、それぞれ軍政を担当した。この作戦のために内地から着任した官吏と、戦前から深い関わりをもっていた民間人五〇〇名が、これに協力した。[36]

その後、一九四二年八月に、内地から二〇〇〇名の軍政要員が到着すると、中央に軍政監部が置かれ、参謀長が軍政監を兼任。各州には司法長官である州長官が、スルタン領には侯地事務局長官がそれぞれ配属され、本格的な軍政が開始された。[37]

収容所代表ウスマンと柳川

本章冒頭で触れた、一九四二年三月の日本軍によるジャワ作戦が短期間で終了後、柳川はバンドゥン特務機関（その後、勇部隊参謀部別室、通称勇分室と改称）の責任者となり、情報収集の任にあたった。このとき特務機関が使用したのは、もとは上流階級の社交場だったコンコルディア協会の建物で、後に大和会館とその名を変え、五五年にはアジア・アフリカ会議（後述）の会場として使われた。当時、柳川らが宿舎として使ったのは、桜ホテルと呼ばれる建物で、現在のホテル・ウィルヘルミナである。[38]

柳川には、作戦をともにするなかで柳川が「親父」と慕うようになった在留邦人でスンダ語も解する富樫と、ジャワで生まれ育ち、オランダ語、インドネシア語、ジャワ語、英語、中国語を操り、のちに柳川と「もっとも緊密な関係」を結ぶことになる中島正周という、二人の有能な通訳がいた。[39]

中島正周は、四月頃に柳川と出会った際の第一印象をつぎのように回想している。

バンドン〔引用者注：バンドゥン〕の勇分室を訪問、室長は柳川中尉と云って陸軍中野学校で丸崎さんの後輩との事、おそい昼食をとりながら丸崎さんとの対話を聞いていたが、神経質で烈しい気性らしい。あまり協調性がないように見られた。

二日間宿舎に泊めてもらい自由に町を歩き、分室に帰ると若い原住民が来ており、柳川さんが居候だと紹介してくれた。

この分室には富樫通訳と下士官が一名おったが私服であった。

バンドン市内も全く活気のない町になって夜間は外出禁止であった。[40]

その柳川の前に、突如として独立の志士が姿を現した。ウスマンだった。

一九四一年一二月八日、開戦の日の朝、政治犯としてパダンで逮捕されたウスマンは、妻と四歳の長男、二歳の長女とともにバトゥ・サンカル、東ジャワのカウィを経て、西ジャワのガルット収容所に監禁されていた。オランダ植民地軍の降伏によって、収容所に拘束されていた人びとは、食事も与えられないまま、勝手を知らない土地に放り出され、途方に暮れた。およそ一〇〇名の収容者たちは一堂に会して相談した。そしてバンドゥンを目指すことに決し、収容所家族棟の長であったウスマンが彼らを先導し、山道を越えて、コンコルディア協会の建物を接収したバンドゥンの日本軍本部にやって来た。[41]

一行を代表してウスマンと露子は、衛兵に自己紹介した。その兵士が二人を柳川中尉のもとに案内した[42]。

時刻はすでに午後。待っている間に日本の「カレー飯」が出されたが、二人は断った。たとえ空腹でも、元収容者たちの代表としての矜持があったからだ[43]。

数時間後、柳川の仕事部屋に通された。第一印象は、静かで、短く大きな声で話す、親しみの持てない人物だった。三カ月間の収容所生活について二人が熱心に説明し、二日間何も食べていない元収容者たちに食事を恵んでくれと頼みこんだ。柳川はラデン・ウィラナタクスマを呼び、すぐに対応させた。ウスマンがバタビアにいたときに、彼の家に泊まったことがあり、二人は親しげに話した。彼の若い妻は、ブキティンギ出身のミナンカバウ人だった。バンドゥンの日本軍本部では、モハマッド・ヤミンにも会った。彼もウスマンの知り合いだった。用事が終わると、ヤミンは衣服を買い与えてくれた[44]。

ウスマンの対日協力

こうして収容者代表としての大役を果たしたウスマンは、柳川の協力者となった。その日のうちに、彼は柳川のフォード車でルンバンに行き、日本軍とオーストラリア軍の戦闘の仲裁に入った。柳川は英語もマレー語もオランダ語も話せなかったので、三カ国語ができるウスマンを通訳兼道案内人として重宝した。以来、ウスマンは毎日のように柳川に同行し、オランダ軍によって焦土になったバンドゥン市とその周辺の建物の再建の仕事などを手伝った。ウスマンは露子に、レンバンは涼しくて、野菜作りに適していると話した。[45] 一方、露子は、柳川の仕事場でプリアンガンとその周辺の民衆からの手紙を翻訳する仕事に従事した後、バンドゥン鉄道管理局の通訳となった。[46]

日本軍は元収容者たちに生活費を支給し、週に一度は、バタビアとバンドゥン間の乗車券を支給した。なかには、その券を転売する人もいた。彼らはバタビアで買い物をし、それをバンドゥンで転売して儲けていた。日本軍政がはじまって一カ月、裕福なジャワ島出身者は故郷に帰れたが、それ以外の外島出身者は依然として帰ることができなかった。[47]

この間、ウスマンたちは、滞在先のナリパン通りのホテルと仕事場を往復する毎日だった。仕事が一段落したとき、パダンに帰りたいと願い出たが、まだ軍政に必要ということで、手続きは滞った。[48]

そんなある日のこと、ウスマンの姉と夫のモハマッド・イドリス、そして彼らの子であるアフマッド・クマル・イドリスがウスマンのもとを訪ねてきた。このときウスマンたちはホテルを出て、市内にあるヤコブ・サリム家の厄介になっていた。モハマッド・イドリスは、前章で触れたように、獣医にして大インドネシア党の活動家で、当時はスカブミの健康省で働いていた。ウスマンたちは柳川に一週間の休暇をもらい、柳川のフォード車を借り、スカブミに行くことにした。出発の準備に追われていると、雑誌『パンジ・プスタカ』の記者二人が取材に訪れた。彼らは半時間ほど、バトゥ・サンカルからガルットまでの様子を聞き、写真を撮影して帰った。このときウスマンが着ていたのは、モハマッド・ヤミンに買ってもらったものだった。記事は一九四二年四月二五日付の同誌に掲載された。[49]

ウスマンは家族のほか、元収容者仲間のラフマン・タミンとダサートを誘い、ウスマンが運転するフォード車と、クマル・イドリスが運転する車に分乗して旅立った。道端には壊れたオランダ軍の車や動物の死骸が転がっていた。途中、日本軍のある部隊と遭遇したが、日本軍通訳として振る舞い、簡単に通してもらえた。車は森と茶畑を通った。外はすでに暗く、人影はまったくなかった。車はかなりスピードを出していたので、飛行機が飛ぶような爆音がした。ヘッドライトは、小さな生き物が張り付いたせいでよく光らなかった。[50]

スカブミは清涼できれいな街だった。白くて大きな胡蝶蘭が咲いていた。まるでピクニックにきているようで、子供たちは喜んだ。ウスマンの長男は毎朝のように馬に乗り、長女は二歳上のクマル・イドリスの末っ子と友達になった。三人はよく隣家の胡蝶蘭の庭にマットを敷いて、食事をした。ウスマンの姉は料理が得意で、ミナンカバウ料理や、ローストチキンなどのオランダ料理で、もてなしてくれた。ウスマンはモハマッド・イドリスやハディノト・ダヌサストロらと熱心に議論し、スカブミの外に出かけたりと、何かとせわしなかった。[51]

帰郷

一週間後にバンドゥンに戻ると、元収容者たちは故郷に帰り始めていた。ウスマンもパダンに戻りたいと柳川に願い出た。しかし柳川は渋った。理由をつけて、なかなか認めてくれなかった。それでも何度も願い出て、ようやくバタビア行を許された。出発前、柳川はウスマンに自筆の感謝状を手渡した。別れ際、露子は「インドネシア軍創設の暁にはクマル・イドリスを入れて、訓練してほしい」と頼んだ。当時、日本軍高官の間でインドネシア軍設立の動きがあると聞いていたからだ。[52]

一九四二年四月、一家はバタビアに到着した。そこにはモハマッド・イドリスの親友ヤコブ・サリムがいて、彼の家で一時的に世話になった。ヤコブ・サリムは、インドネシアを代表するイスラーム改革主義者であるアグス・サリム（一八八四―一九五四）の兄弟だった。その後、ラフマン・タミンがパダンに戻ったため、誰も住んでいなかった家に移り、四五年五月にパダン行きの船に乗るまで、そこで過ごした。[53]

この間、ウスマンは日本軍の法務部でスポモ博士[★6]の助手をした。オランダ領東インドの法律における差別的な規定、たとえば「池で泳げるのはオランダ人だけ」といったものを改めるのが仕事だった。スポモ、ウスマンのほか、オランダ領東インド法の専門家であるミナミがいた。法務部での仕事がウスマンに回ってきたのは、かつて明治大学で法律を学んだだけでなく、裁判所書記としての経験もあったからだった。その頃、露子はジャカルタ市庁舎で働いていた。そこの上司のテラダは外務省の人で、外国語大学を卒業していて、インドネシア語が上手だった。露子は民衆からの投書を処理し、日々持ち上がるトラブルの解決に追われた。[54]

ジャカルタでは、モハマッド・ハッタ、モハマッド・ヤミン、アグス・サリムなど、多くのミナンカバウ人に会った。軍政当局で高い地位にいたのは、ウィロポ、アサート（バヌハンプ出身）、ダトゥク・ジャミン（コト・ガダン出身）だった。ウスマンは、ハッタの叔父のアユブ・ライスとも再会し、家に招待された。[55]

ある日、モハマッド・ヤミンの秘書ハティブ・サリムが家を訪ねてきた。ヤミンが憲兵に捕まったという。親友のためにウスマンと露子は一肌脱いだ。ヤミンの書いたものを集めるようその秘書に命じ、それを持参して憲兵隊のところへ行き、彼が反日ではなく、ナショナリストで反植民地主義者であると説明し、釈放に成功した。ヤミンが釈放されてしばらくすると、今度はラフマン・タミンが嫌疑をかけられ、憲兵隊に引っ張られた。このときもウスマンと露子は憲兵隊に出向き、彼が無実であることの証人となり、釈放に成功している。[56]

このようにウスマンは日本軍に対して一定の発言力をもっていた。そのことは、彼が対日協力者として重んじられていたことを示唆している。

一九四五年五月の末、待望の軍船がジャカルタに到着した。故郷のパダンに戻ったら、新聞・

★6 スポモ（一九〇三―五八）ライデン大学で法学の博士号を取得した法学者。大インドネシア党の有力指導者。日本軍政期にインドネシア独立準備調査会の委員。一九四五年憲法の起草に加わり、独立後に初代法務大臣に就任した。アダット（慣習法）の権威で、相互扶助、全員一致の原則の概念をスカルノに講じたことでも知られる。

出版を通じて独立運動を行おうとウスマンは考えていた。船は、戦争で危険な状態にあったスンダ海峡とマラッカ海峡を越え、数日後にスマトラ島東海岸州メダンのベラワン港に入った。

ウスマンは、バタビアで声をかけたモハマッド・ヤミンの元秘書サリム、ナスルン、そしてバタビアの普通高等学校で学んでいた実弟を連れて帰るつもりだった。そこでウスマンは、バタビアの第一六軍から渡された手紙を日本軍当局に渡し、メダンからパダンまでの車の手配を依頼した。応対したイノウエ中尉はセダンの車を用意してくれたが、全員を乗せるには小さすぎた。そのため、小さなトラックに代えてもらった。そしてメダンからパダンまでの八〇〇キロの悪路を走破し、一九四二年六月頃にパダンに戻った。[57]

スカルノと日本軍

このとき、パダンにはスカルノがいた。日本軍がスマトラに侵攻してきた時、妻のインギットとともにベンクルにいた彼はパダンに送られ、オランダの輸送船でオーストラリアに護送されるはずだった。ところが船は座礁し、パダンに残された。対日協力を決めたスカルノは、日本軍のパダン入城後まもなく、汽車でブキティンギに向かい、第二五軍の藤山三郎大佐と会談している。七月九日にはジャカルタに移り、翌一〇日に今村均大将と会談し、日本軍への協力を約束した。今村はスカルノをインドネシア人の代表と認定し、日イ合作の新体制づくりが決まった。[58]
藤山大佐の副官部職員として、インドネシア語通訳などを担当していた若松市太郎中尉は、後年つぎのように回想している。

五月頃、ジャワ軍政監部よりスカルノ氏の消息について問合せあり、同氏はジャワ出身のためジャワに帰る希望ありや、なおジャカルタにスマトラ出身のマジッド・オスマン氏（夫人は日本人）がおり、パダンに帰るとの連絡があった。この旨スカルノ氏に伝えたところジャワに帰ることとなったので、旅行証明（途中の交通安全とガソリン等日本軍の援助を得るため）に餞別資金を添え、送り出した。なお出発に先だち新聞社プルサマアンでイ側による送別会が開催され、若松、中西嘱託が出席したが、席上初めてスカルノ氏の演説を聞き、その人を引きつける弁舌に驚嘆した。

なお同氏と入れ替りにマジッド・オスマン氏が夫人・子供と共にジャワよりパダンに帰着した。オスマン氏は日本の大学を卒業しておりアミナ夫人と共に、地元メナンカバオ民族のため尽力された。[59]

日本に招かれたスカルノ・ジャワ中央参議院議長［1943年］
写真提供：毎日新聞社

ジャワを担当する第一六軍と、スマトラを担当する第二五軍当局の間で、スカルノとウスマンのことが同じ時期に話題にのぼっていたことがわかる。

「インドネシア青年道場」とイドリス

ジャワの勇分室は、第二師団がガダルカナルに転戦したのにともない、第一六軍参謀部別班（特務機関、厨次則参謀）に吸収される形で解散となった。軍政が敷かれて約半年後の八月二九日のことである。[60]

柳川はジャカルタの別班本部に移り、インドネシア特殊要員養成隊の編成準備に入った。一九四三年一月八日、ジャカルタ近郊のタンゲランにあったオランダの旧女子刑務所の空き家に開設された同隊は、防諜名「インドネシア青年道場」、関係者の間では「柳川道場」とも呼ばれた。柳川の言葉を借りればそれは「陸軍中野学校のジャワ版」で、柳川がバンドゥン時代に「子供達」と称して情報収集の任にあたらせ、密かに教育していた子飼いのスチプト、アブドゥル・サレー、モハマッド・サレーら六人の青年のほか、ジャカルタから六名、スラバヤから六名、ジョクジャカルタから四名、別班支部以外の各州から二名ずつ、優秀な青年たちが集められた。選抜の結果、一名が不適格とされ、五〇名が採用された。[61]

青年道場での教育計画は、東京陸軍航空学校と中野学校時代での自らの体験をもとに柳川が独自に作成したもので、青年たちは精神教育（精神訓話）や世界事情（インドネシアの歴史）、軍事学、語学（日本語）などの学科のほか、諜報、宣伝、教練、体操、射撃、偵察など、諜報員になるためのさまざまな訓練を受けた。[62]

教練は陸軍の初年兵教育に準じて行われ、「死ぬまでやれ」が合言葉になるほど激しいものであった。体育では相撲、水泳が重視された。ジャカルタ市営メンテンプールにある五メートルの飛び込み台で特訓を行ったとき、柳川、教官に続いて我先に飛び込んだのは、ダン・モゴット、アフマッド・クマル・イドリス、ヨノセオヨ、スプラプト、スチプト、サレだった。

アフマッド・クマル・イドリス。そう、モハマッド・イドリスの息子である。

彼は一九二三年、バリ島シンガラジャに生まれた。プルウォケルトのヨーロッパ人小学校（ELS）、オランダのユトレヒトで教育を受けた。父の転勤にともなって、マカッサル、ジョクジャカルタ、スカブミを転々とした。[63] 日本軍侵攻の噂が広まり、スカブミの母親の下に身を寄せていたとき、はじめて日本兵と出会った。彼らはバンドゥンを陥落させた日本軍の一部隊で、ジャカルタに引き揚げる途上で、イドリスの家に一晩宿営したのだった。[64]

「日本の軍隊は、将校も兵士も、ひじょうに優しかった。軍隊というと、戦争がはじまってからやってきたオーストラリア軍の将兵が、掠奪やらなにやら、ずいぶんひどいことをするという噂で、まちのひとたちも脅えていました。しかし、日本軍は、乱暴なことはなにひとつありませんでした」イドリスはそう述懐する。ウスマンと露子がいたこともあり、日本には漠然と親近感があった彼は、宿営した兵に自ら近づき、片言の英語で会話を交わしたという。[65]

その後、学業を続けるためにジョクジャカルタに戻ったイドリスは、国民学校で日本語や日本の唱歌を習った。やがて一九四二年七月に、軍政部の指導のもとで青年訓練所が開かれると、自ら志願し、入所した。ジョクジャカルタの青年訓練所には六〇〇名の青年が集い、半年にわたって訓練を受けた。その指導をしたのが、土屋競だった。土屋は、後に第二代大統領となる青年スハルトを軍事訓練したことで知られる。この青年訓練所に入所した若者たちの中から優秀な六名が選ばれ、タンゲランに送られることになり、イドリスはその一人に選ばれた。このなかに、四五年二月のブリタル反日蜂起の首謀者となるスプリアディもいた。[66]

イドリスらは一九四三年一月七日、背広姿に長髪の丸崎大尉が率いる緑色の軍用トラック二台に乗せられ、タンゲランの「青年道場」に連れてこられた。[67]

ここで彼は、アチェ出身のズルキフリ・ルビス、マナド出身でオランダ人の血を引く鷲鼻で色白のダン・モゴットと友人になり、仲良しトリオといわれるようになる。ルビスとイドリスは、ジョクジャカルタで同じ高校と青年訓練所に通い、顔見知りでもあった。[68]

酒保に行くのも、入浴も、常に一緒だった三人は、なかなかのやんちゃだった。あるとき、ボゴールの裏通りを並んで歩いていると、向こうから日本軍の兵士が二人連れでやってきた。互いに狭い道を譲ろうとせず、双方立ち止まっての睨み合いとなった。すると、素早く目配せをしたモゴットとイドリスが、柳川直伝の両手突きを相手に一発お見舞いして逃げ出した。ルビスは手を出さず、走って追いかけてきて、にこりと白い歯をみせたという。[69]

傍目には温順ながら、人一倍、負けん気の強かったルビスは、のちに義勇軍の第一期生教育を首席で卒業し、朱房の鮮やかな下緒《さげお》がついた軍刀を授与された。日本人教官たちのあいだで「将来の大統領候補」と嘱望され、「柳川の至宝」と呼ばれた。終章で触れるように、スカルノと敵対し、テロや反乱を企てたことから、西郷隆盛に喩えられた。[70]

他方、クマル・イドリスは、一九四五年八月一七日にスカルノが独立宣言を発した後、タンゲラン大隊長、四八年にはシリワンギ師団第一旅団第一大隊長に就任。四九年一二月のハーグ円卓協定で対オランダ戦争は終わり、翌年八月に一五の地方政権を吸収し、現在のインドネシア共和国が誕生した。五四年にはシリワンギ師団第九歩兵連隊長を務めたイドリスは、六四年から六九年にかけて、陸軍戦略予備軍第二大隊長を経て同軍参謀長、同軍司令官に登り詰める。六九年に東部方面第四軍管区司令官、七二年に駐ユーゴスラビア大使を経て、国軍の重鎮（退役陸軍中将）となった。[71]

青年道場が開設されてから半年後の六月末に、一期生五〇名への教育は一段落した。その後、青年道場は二期生要員としてあらたに五〇名を迎えたが、病気などの理由で約二〇名が脱落したため、教育を受けた者は第一期生とあわせて八四名にとどまった。[72]

その後、柳川はジャカルタに転勤となり、オーストラリア軍捕虜を出演させた謀略映画の製作班を率いた。脚本・監督は朝鮮出身の日夏英太郎が務めた。松竹の衣笠貞之助の助監督をしていた人物だ。[73] 一九四五年一二月に柳川は、ボゴールにあるイギリス軍司令部に出頭し、戦犯容疑者としてジャカルタのグルドック刑務所に移送された。以後一年半におよぶ抑留生活を経て、四七年四月に最後の復員船・熊野丸に乗り、故郷の別府に帰還。六四年には家族とともにジャカルタに渡り、インドネシア国籍を取得。八五年一〇月七日に現地で没している。[74]

1――柳川宗成『陸軍諜報員柳川中尉』サンケイ新聞社、一九六七年、六頁。以下、本書では『陸軍諜報員柳川中尉』と略記する。
2――斉藤鎮男『私の軍政記――インドネシア独立前夜』財団法人日本インドネシア協会、一九七七年、三五―三六頁。
3――『陸軍諜報員柳川中尉』八―一〇頁。
4――『陸軍諜報員柳川中尉』一五―二三頁。
5――山本武利『陸軍中野学校――「秘密工作員」養成機関の実像』筑摩書房、二〇一七年、三七―七一頁。
6――前掲『陸軍中野学校』一一―一二、四七―四九頁。
7――井上治編『カプテン柳川留魂録』鳳書房、一九九七年、七五―七六頁。以下、本書では『カプテン柳川留魂録』とする。
8――『陸軍諜報員柳川中尉』九二―九三頁。
9――『陸軍諜報員柳川中尉』九三―九四頁。
10――『カプテン柳川留魂録』一四七頁。
11――『陸軍諜報員柳川中尉』二三頁。
12――『陸軍諜報員柳川中尉』二三―二四頁。
13――『陸軍諜報員柳川中尉』二五―二六頁。
14――『陸軍諜報員柳川中尉』二七―三一頁。
15――『陸軍諜報員柳川中尉』三二―三五頁。
16――『陸軍諜報員柳川中尉』三五―三七頁。
17――『カプテン柳川留魂録』六七―六八頁。

18——土屋健治他編『インドネシアの事典』同朋舎、一九九一年、二二〇頁。
19——前掲『私の軍政記』四〇頁。
20——『陸軍諜報員柳川中尉』三七頁。
21——『陸軍諜報員柳川中尉』三七—三九頁。
22——『カプテン柳川留魂録』六九頁。
23——『陸軍諜報員柳川中尉』三八—三九頁。
24——『陸軍諜報員柳川中尉』四二—四五頁。
25——『陸軍諜報員柳川中尉』四六—四八頁。
26——ジョージ・S・カナヘレ著、後藤乾一、近藤正臣、白石愛子訳『日本軍政とインドネシア独立』早稲田大学社会学研究書翻訳選書)、鳳出版、一九七七年、六頁。
27——『陸軍諜報員柳川中尉』五〇—五三頁。
28——『陸軍諜報員柳川中尉』五三—五四頁。
29——『陸軍諜報員柳川中尉』五四—五七頁。
30——『陸軍諜報員柳川中尉』五八頁。
31——前掲『私の軍政記』三七頁。
32——松浦正孝『「大東亜戦争」はなぜ起きたのか——汎アジア主義の政治経済史』名古屋大学出版会、二〇一〇年。
33——中野聡『東南アジア占領と日本人——帝国・日本の解体』岩波書店、二〇一二年、一九頁。
34——前掲『東南アジア占領と日本人』二一頁。河西晃祐『大東亜共栄圏——帝国日本の南方体験』講談社、二〇一六年、七—八頁。
35——倉沢愛子『資源の戦争——「大東亜共栄圏」の人流・物流』岩波書店、二〇一二年、六—七頁。
36——森本武志『南方軍政関係史料⑩　ジャワ防衛義勇軍史』龍溪書舎、一九九二年、三〇頁。
37——前掲『ジャワ防衛義勇軍史』三〇頁。
38——『陸軍諜報員柳川中尉』五八頁。
39——『陸軍諜報員柳川中尉』五〇、七二、八六頁。
40——中島正周『インドネシア一九四一〜四六——わたしの大東亜戦争』非売品、二〇〇三年、七二頁。

41——『アミナ回想記』一一三—一二八頁。
42——『アミナ回想記』一二九頁。
43——『アミナ回想記』一二九頁。
44——『アミナ回想記』一三〇—一三一頁。
45——『アミナ回想記』一三一—一三二頁。
46——『アミナ回想記』一三三、一三五—一三七頁。
47——『アミナ回想記』一三四頁。
48——『アミナ回想記』一三四—一三五頁。
49——『アミナ回想記』一三七、一三九—一四一頁。
50——『アミナ回想記』一三七—一三八頁。
51——『アミナ回想記』一三八—一三九頁。
52——『アミナ回想記』一四一—一四二頁。
53——『アミナ回想記』一四五頁。
54——『アミナ回想記』一四五—一四七頁。
55——『アミナ回想記』一四七—一四八頁。
56——『アミナ回想記』一四八—一四九頁。
57——『アミナ回想記』一五〇—一五一、一五五—一五六頁。
58——白石隆『現代アジアの肖像一一　スカルノとスハルト——偉大なるインドネシアをめざして』岩波書店、一九九七年、四三—五一頁。
59——若松市太郎「スマトラ軍政部の思い出」赤道標記念出版編集委員会『赤道標——南方派遣軍・記録』赤道会事務所、一九七五年、二七一頁。
60——『陸軍諜報員柳川中尉』八一頁。
61——『陸軍諜報員柳川中尉』八四—八七頁。
62——『陸軍諜報員柳川中尉』九四—九五頁。『カプテン柳川留魂録』七四頁。
63——Benedict Anderson, *Java in a Time of Revolution: Occupation and Resistance 1944-1946*, Ithaca, N.Y.: Cornell University

Press.1972.p.425.

64――村上兵衛「インドネシアの若き獅子たち」一五頁。

65――前掲「インドネシアの若き獅子たち」一六頁。なお、同書一六頁にウスマンを「早稲田大学」卒業と記しているが、「明治大学」卒業の誤り。

66――前掲「インドネシアの若き獅子たち」一七―一八、二四頁。

67――前掲「インドネシアの若き獅子たち」九―一〇、一九頁。

68――前掲「インドネシアの若き獅子たち」一一、一七―一八頁。

69――前掲「インドネシアの若き獅子たち」四一―四二頁。

70――『陸軍諜報員柳川中尉』二六一頁。『カプテン柳川留魂録』一七一頁。

71――T・B・シマトゥパン著、佐藤正範訳『インドネシア独立への道――ジャワの一村落バナランからの報告』井村文化事業社、一九八五年、巻末「人名リスト」七頁。

72――森本武志『ジャワ防衛義勇軍史』四九頁。

73――『陸軍諜報員柳川中尉』一〇〇―一〇七頁。

74――『カプテン柳川留魂録』一五四―一五五頁。

第三章

対日協力——スマトラ知識人の場合

パダン宣伝班とウスマン

ウスマン一行がパダンに戻ると、街の様子は半年前と様変わりしていた。我が物顔だったオランダ人やオランダ官憲の姿はなく、かわって茶黄色の軍服をきた日本軍将兵たちが闊歩していた。

スマトラは一九四三年四月に分離されるまで、第二五軍によってマラヤと一体統治されていた。西スマトラのブキティンギに置かれた第二五軍司令部は、軍司令官、参謀部、副官部、兵器部、経理部、軍医部、法務部から構成されていた。西スマトラの治安維持は近衛歩兵第四連隊が担当し、第一大隊がブキティンギ、第二大隊がパダン、第三大隊がタルトンに進駐していた。

第二大隊は、伊藤光治少佐に率いられていたことから「伊藤部隊」と呼ばれていた。パダンに戻ってきたウスマンは、バンダル・オロの自宅へ向かった。ところが見知らぬ人が住んでいたので、やむなく母親の家に身を寄せた。そこで何週間か過ごした後、ブラントゥン・クチル通り八番地の家に移った。そこからパダン市役所まで、一本道で通じていた。[1]

母の家に身を寄せていたとき、副官部職員の若松市太郎中尉と、伊藤部隊宣伝班長の内海勝正中尉が訪ねてきた。彼らは単刀直入に、軍政への協力を求めた。[2]

開戦時、スマトラには第一六軍宣伝班の分遣隊が派遣されたが、活動範囲はパレンバン周辺にとどまり、パレンバン攻略作戦が一段落すると、ジャワの宣伝班に戻された。第一六軍宣伝班長であった町田敬二は、第二五軍所属の宣伝班がなぜスマトラ作戦軍に分属しなかったのか、「建制〔引用者注：軍隊の規準による編制〕のやかましい陸軍としては異例のこと」で、「不審」に感じたと回想している。他方で、分遣隊を「哀れな子羊たち」と形容しつつも、「スマトラ島への宣伝の初動は、他のいかなる地区のそれよりも偉大な成果を上げたものとされている」と評価している。[3]

中桶少尉に率いられたこの分遣隊は、倉田文人《ぶんじん》（映画監督）、郡司次郎正《じろうまさ》（作家）、赤塚（画家）、滝花（カメラマン）、石田（カメラマン）、岡田（映画監督助手）、後藤（通訳）、堀川（通訳）の軍属のほか、下士官三名、兵六名、従軍記者四二名で構成されていた。乗用車一台、トラック二台に、拡声器、撮影機、映写機が一台ずつ、宣伝ビラなどの梱包七〇個、衛生材料、機関銃三挺を持っていたという。パレンバン軍政部に配属された彼らは、新聞の発行、映画や演劇の指導、運動会の主催、日本語学校の経営を手がけた。町田は、分遣隊が成果を収めることができたのは、戦闘が短期間に終結して民心が安定していたのに加えて、宣伝班員が住民の立場に立って動いたからだと分析している。[4]

第二機関銃中隊に所属していた内海中尉が「宣伝班長を命ず」との大隊命令を受けたのは、パダンでの生活にもようやく慣れてきた、一九四二年四月のことだった。第七中隊の竹添軍曹と大隊本部の中溝通訳も配属され、機関銃中隊の兵舎として使用していた校舎の一室に「パダン宣伝班」と看板を掲げたものの、「全く五里霧中で一週間と言うものは開店休業の有様」だった。しばらくして軍政監部から藤山大佐が赴任し、内海らは彼の指示を仰ぐことになった。内海は「パダン地区に於ける宣伝計画案」を作成し、日本語普及のためイスラーム学校を借りて「よいこども塾」と「パダン日本語学校」を開き、竹添軍曹と中溝通訳が現地の子供と大人向けに日本の小学校レベルの授業を行った。[5] そうやって手探り状態だった宣伝班に一筋の光明をもたらしたのが、ウスマンとの出会いであった。その経緯を内海はつぎのように回想する。

その頃どこからかマジット・ウスマンと言う人物がパダンに帰って来た事を耳にした、聞く処《ところ》に依《よ》ると彼はインドネシア独立運動の闘士として活躍していたが大東亜戦争が始まるや反動分子としてジャワに監禁されたが日本軍の進駐と共に釈放され、家族と共に郷里のパダンに帰って来たと謂《い》う。私は早速ブラントンケチルの彼の家を訪れることにした、彼は何んの衒《てら》いもなく日本語で応待して呉《く》れた、驚いたことに彼はかつて日本の明治大学に学びその夫人は甲府出身で日本女子大出のインテリであったのである。私は通訳の中溝君そっちのけで、宣伝班の活動に協力して貰い度《た》いことを要請した、今にして思えば当時可成《かな》り強引な要求だったかも知れない、然しウスマン夫妻は共に私を直する姿勢で真剣に私の話をいちいち首肯《うなず》きながら聞いてくれ「インドネシアの独立のためならば、どんな協力も惜まない」と応え、激しい口調でオランダの非人道的植民政策に対する積年の怒りを累々述べられた、私は彼の精悍な風貌中に民族解放に対する強い熱情と深い愛情とを感じさせられた。

二、三日後ウスマン夫妻は宣伝班を訪れ、たった三人の宣伝班に聊《いささ》か失望の色を見せたが伊藤大隊長に紹介すると、大隊長の素朴な人柄が気に入ったと言って彼の経営していた新聞社をパダン宣伝部に提供して「パダン日報」を発刊しようと話は急テンポに発展した。[6]

こうして新聞づくりはスタートしたが、社説を担当することになった内海は「学生時代の不勉強を悔いる羽目となった」。慌てて『文藝春秋』や『改造』などの雑誌を取り寄せた。「パダン日報」は、パダン市を中心に五〇〇〇部を発行したが、インドネシア語紙のため、内海の書く「日本語の原稿はすべてウスマン夫人が翻訳して呉れ、ウスマン氏や他の記者の原稿はいちいち私や橋本憲兵隊長に日本語で説明してから活字にする深重さであった」という。[7]

そうこうするうちに、富山県知事だった矢野兼三が、スマトラ西海岸州の司政長官としてやってきて、本格的な行政がはじまった。内海は「吾々がパダンに進駐してから僅か十ケ月余りの宣伝活動ではあったが、ウスマン氏を始めとするパダン日報社のスタッフ達…（中略）…の協力は今日もなお感動の思い出として新たなものがある」[8]と当時を振り返る。

しかし、内海とウスマンとでは、その認識は異なっていた。そこで以下、両者の齟齬を検討してみよう。

思惑のズレ

ウスマンは、一九三七年二月から四一年一二月までの間、日刊紙「ラジオ」編集長を務めていた。ガウスもウスマンも、「ラジオ」とは二〇代の時から、つながりがあった。日本に留学する前に、日本のニュースを送るよう「ラジオ」から依頼されていた。[9]

実際、ウスマンは留学中に記事を送っていたが、オランダ官憲の検閲があったのか、それらの記事がパダンの編集部に届くことはなかった。帰国後、「ラジオ」の記者になったウスマンは、健筆を振るった。時折、喘息《ぜんそく》の発作に見舞われながらも、深夜まで働いた。ウスマンの喘息は日本に行く前からの持病だった。夕方、仕事から帰るとせき込むことがあり、それを見た彼の母は涙した。ウスマンは日本から持ち帰った薬を服用していた。それでも彼は筆を止めなかった。議会の動向、世界の政治、オランダ領東インドの政治・経済、日本の事情のほか、インドにおけるガンジーの独立運動など、幅広く扱った。[10]

「ラジオ」紙の編集長に就任した直後の一九三七年二月二日、ウスマンは「日本の武士道について」と題する署名記事を発表している。そこで彼は、「日本は武士道のもと父と母を尊敬し、兄弟と分かち合って暮らしている」と日本人を称賛した。[11]

二〇世紀初頭のミナンカバウ社会では、近代化を目指す非宗教的な政治・文化運動が台頭していた。この運動に参加した近代主義者たちは、カウム・ムダ（若者／進歩グループ）と自称し、伝統的なエリートを中心とする保守派のカウム・クノに挑戦した。[12]

しかし、一九一〇年代半ばにはイスラーム改革主義者たちが台頭してきた。彼らもカウム・ムダを名乗り、カウム・クノに対抗した。彼らの運動には、イスラーム社会建設のための社会改革運動に積極的なイスラーム団体のスマトラ・タワリブと、イスラーム近代主義団体のムハマディアという二つの潮流があり、その担い手の多くはイスラーム教師の家系で、富裕層、商人層、現地人官吏層の出身だった。[13] カウム・ムダの影響が強かった地域は、共産主義運動が活発だった地域と重なっていた。商業の中心地で水田に乏しいこれらの地域の住民は、二〇年代の輸出ブーム期には母村を離れて出稼ぎに出ていたが、不況とともに帰郷していた。その一部が、イスラーム運動や政治運動に入っていった。[14]

西スマトラで民族主義運動が組織的に展開されるようになったのは一九三〇年代初頭のことで、イスラーム同盟を母体とするインドネシア・イスラーム同盟党と、スマトラ・タワリブを母体とするプルミの二団体が結成された。その後、ジャワを拠点とする民族主義政党が、西スマトラの都市部や、水田に乏しい貧しい地域に勢力を拡大し、支部を設けていった。他方で、プムダ（青年）と呼ばれる新しい勢力が台頭し、カウム・クノに挑戦した。[15]

このように、カウム・クノに対して、カウム・ムダ、プムダが対抗する構図が生じたが、一九三〇年代末の「インドネシア議会設立」運動に呼応した相互協力と、植民地政庁によるカウム・ムダへの弾圧があいまって、両者の緊張は一時的に緩和した。しかし、四一年に政庁がインドネシア議会設立を拒否すると、カウム・クノとカウム・ムダの対立は再び表面化していく。[16]

ウスマンは後者を支持した。彼は記者として働くかたわら、労働運動を指導した。「ミナンカバウ原住民サッカー協会」の立ち上げや、パダンのイスラミック・カレッジでの教育にも携わった。[17]露子を連れて帰ってきたウスマンは、そのまま、母のいる生家に落ち着いた。

ミナンカバウ社会でこれは、奇異なことだった。というのも、母系社会のミナンカバウでは六、七歳の少年は「王様の年齢」といわれ、母親の部屋で寝ることを許されているが、それ以後はその部屋から出され、家の広間で寝泊まりをし、一二歳になると家を出て、スラウ[★1]に移り住み、宗教教育を終えると、出稼ぎに出る。この出稼ぎ・移住のことをムランタウという。やがて男たちが結婚して婿入りすると、昼間は田畑を手伝い、夜に妻問いをするというのが、伝統的な男の生き方だった。[18]

ウスマンが帰郷してからというもの、家にはパダン中央市場の小売商たちが押し寄せてきた。地元の名士だった父親が付き合うことのなかった人びととウスマンが親しく交流することに、彼の母親は眉をひそめた。[19]ウスマンにとってはそうした「小さな民」との付き合いも独立運動の一環だったが、たまりかねた母親はついに娘たちを連れて新居に引っ越してしまった。[20]

このように、日本からの帰国後、約五年にわたって独立運動を行ってきたウスマンにとって、インドネシアの独立こそが至上命令だった。

ウスマンにとっての対日協力とは、互いの思惑を認め合うことだった。

内海は、ウスマンが積極的に協力を申し出たように書いているが、ウスマンの方では、インドネシア独立のためにアドバイスをするだけのつもりだった。[21]

それでも彼の支持者たちや、市井のインドネシア人らは、ウスマンが日本軍から生活を保障され、よい家や財産をもらっているのではないかと、疑いの目を向けた。[22]

ウスマンにとって対日協力は、さまざまなリスクをともなっていたのである。

内海の方は、ウスマン側が新聞社を「差し出した」と表現するが、ウスマンによれば、「パダン日報」の編集長職を打診してきたのは内海の方だった。この日刊紙に掲載されたのは金融や政治の記事のほかは広告で、ウスマンは政治欄を担当した。ジャカルタから連れてきたサリム、アリフ、ムルカン、ジャリルが、彼の下で働いた。ナスルンは、イラストと子供向けの読み物を担当した。[23] 帰国後、内海はウスマン夫妻について、「いろんな知識を持っていて話をしたらおもしろい」と、妻の成子に語っていたという。[24]

矢野長官

一九四二年八月、矢野兼三が軍政監部スマトラ西海岸州司政長官としてパダンに赴任してきた。一八九六年に大阪市に生まれた彼は、大阪府立今宮中学在学中に父を亡くすも、当時難関だっ

★1 スラウ　モスクを小さくした集いの場所。一日五回の礼拝やコーランの勉強、年頃の男子の宿泊所として利用された。

た専門学校入学者検定試験（専検）に合格。関西大学在学中の一九二〇年に高等文官試験行政科に合格し、翌年、内務省に入省。東京、京都、大阪、その他の各府県、警視庁等の課長を務めた。二三年から二六年まで京都府愛宕郡郡長、二四年に洛北里子保護会会長を兼務。二・二六事件のときは、警視庁で安倍源基《げんき》★2とともに事態の収拾にあたった。[25] その後、青森県学務部長、千葉県警察部長、警視庁官房主事、岡山県総務部長を歴任。三八年には富山県知事となった。[26]

一九四二年五月から一〇月にかけて、陸軍宣伝班の一員としてスマトラに派遣された田中克己は、矢野と出会った際の印象をつぎのように記している。田中は、作家の佐藤春夫★3や郁達夫《いくたつぷ》★4とも交流をもった東京帝国大学出身の文化人である。

> 八月一四日には高原を下りて、インド洋にのぞむパダン市の西海岸州の州庁にゆき、司政長官矢野兼三閣下に会った。元富山県知事で高校の友昌彦君の兄である。わたしがそのことを申し上げると閣下は喜んでインダルンのセメント工場が復興しているからとって欲しいと云われた。稲垣君にそのことを云ふと「撮影する」といって閣下について出てゆく。工場の事務室にわたしは残って借りた書類を写し、それがすむと長官に倣って句を作った。長官は蓬矢と号し虚子門下なのである。撮影がすんだあと昼食をいただいたが、閣下はわたしに、「田中君、ここにのこって教育部長にならないか。妻子も今に呼べるよ」と仰しゃった。わたしはきっぱりお断りした。理由ははっきりしないが、異民族の土地で軍政下の居住は苦労

が多くて、妻子にそれを味わわすなどは、というのだったと思う。もとよりアメリカ潜水艦の跳梁する海路はるばる妻子が来ることもまじめには考えられなかったし、わたしはうすうす日本の敗戦を予感していたように思う。……（中略）……翌日もわたしはパダンにいて、日本人の奥さんを持つウスマン氏の家にゆき、メナンカバウ語を採集した。[27]

ウスマンの真意

矢野は、現地の民衆に同情的で、参謀たちとは温度差があるようにみえた。[28] 内務省出身の矢野には軍務官僚たちと渡り合うだけの力があった。このためウスマンは、日本軍と民衆の間に問題

★2 安倍源基（一八九四―一九八九）山口県生まれの内務官僚。東京帝国大学法学部を卒業後、内務省に入り、一九三二年、警視庁特別高等警察部初代部長。三七年、警保局長。第一次近衛内閣・米内内閣時に警視総監。四五年、鈴木内閣の内務大臣に就任。

★3 佐藤春夫（一八九二―一九六四）和歌山県出身の詩人・小説家・評論家。慶應義塾大学中退。与謝野鉄幹、生田長江を師と仰ぐ。代表作に詩集『殉情詩集』、小説『田園の憂鬱』、『都会の憂鬱』、『晶子曼陀羅』、評論・随筆集『退屈読本』、訳詩集『車塵集』などがある。

★4 郁達夫（一八九六―一九四五）中国・浙江省出身の作家。一九一三年、司法官の長兄に伴われて来日。一高特設予科、八高を経て、東京帝国大学経済学部を卒業。学生時代から佐藤春夫の家に出入りする。二一年には、留学生仲間と文学団体・創造社を結成し、小説集『沈淪』を刊行。帰国後は大学に勤めながら作家活動をしていたが、日中戦争中にシンガポール、スマトラで抗日活動に参加。四五年九月一七日、スマトラで日本憲兵に殺害されたとされるが定かではない。

が生じるたびに、矢野を頼った。

たとえば、自動車協会の運転手たちが、日本軍とオランダ領東インド植民地軍（ＫＮＩＬ）との戦闘で破壊されたテビン飛行場の修繕をしていたとき、運転手たちはタダ働きに不満を抱き、職場を放棄したことがあった。ウスマンは日本軍と協会の間に入って、矢野にかけあい、賃金の代わりに大きな水牛五頭分の肉を、運転手を含めて飛行場修繕に関わる全員に提供させた。その結果、ストライキは収束し、飛行場は無事に完成した。[29]

またあるときは、日本軍がバンダル・ブアットのインダルン・セメント工場を接収し、コンクリートを増産した。しかし工場の黒煙で健康被害が出た。ある日、工場労働者と地域住民が、重労働と健康被害のことを相談するために、ウスマンのところにやってきた。そこでウスマンは彼らにサボタージュとストライキを勧め、その結果、工場は住民に配慮するようになった。[30]

さらにウスマンは、パダンのムアロの漁師にもストライキを勧めた。というのも、日本軍は漁師たちがとった魚を市場に出す前に買い占めてしまい、パダン魚市場は品不足に陥っていた。ウスマンは漁師たちを集めて、漁を止めるようにいった。その結果、日本軍は漁師への介入をやめ、漁師たちは再び自由に魚を売れるようになった。しかしこのストライキは犠牲をともなった。地元で有名なアラブ系の「プレマン（インドネシア語でやくざ、ごろつきの意）」のハビブは、この魚市場のボスであったが、憲兵隊から拷問を受けたのだ。実は彼はオランダ時代に、オランダ政庁の砂糖倉庫を襲って人びとに配ったために投獄されたことがあった。そのときウスマンたち独立運動家は、彼を支援した。ウスマンはそんなハビブを守れなかったことを恥じた。露子は激高して、憲兵隊に抗議した。[31]

ウスマンには知識人としての、露子には自力でインドネシアに来たとの誇りがあった。

ある夜、露子がパダン州庁から帰宅すると、家が真っ暗だった。いつもの犬の鳴き声もしない。三人の男がベランダに陣取っていた。彼らは、ブキティンギの第二五軍宣伝班員だった。横柄な口ぶりで、「この大きな家を使いたい。お前らはどこかに行け」といった。露子は「お前たちのように政府の金で来たような奴らに言われる筋合いはない。私は自分の金でここにきたのだ」と反論し、頭山満の名前を持ち出した。三人は黙って帰っていった。翌日、ウスマンと露子は、矢野に対して昨夜の出来事を報告した。[32]

こんな出来事もあった。内海中尉が帰任した後、「パダン日報」の編集にはサイトウ少尉が携わった。彼はウスマンが掲載許可を出した記事をしばしば差し止めた。そのことでウスマンは何度もサイトウに抗議した。インドネシアに来る前はまだ学生だった年下のサイトウにあれこれ命令されるのが気に食わなかった。ある日、記事不掲載をめぐってサイトウと口論になったウスマンは「馬鹿野郎」と叫んだ。ウスマンは露子とともに矢野宅に乗り込み、日本語で編集長の辞職を申し出た。矢野は「編集長を辞めてどうするのだ」と尋ねた。ウスマンは「農民になる」と答えた。ウスマンが抗日運動に転じることを恐れた矢野はそれを認めず、「編集長はやめてもよいが、これからも日本に協力してくれ。そのためにできることは援助する」と説得したという。[33]

ウスマンにとって日本軍への協力は、独立運動の一手段でしかなかった。彼の目的はあくまでインドネシア民族と社会の発展にあった。もし日本軍がこの目的から外れたことをした場合、彼は抵抗した。その意味で、彼は対日協力と抵抗の間を揺れ動く存在でもあった。

ミナンカバウ社会調査所

こうしたなかでウスマンが積極的に協力したのが、一九四三年三月に矢野が設立したミナンカバウ社会調査所での活動だった。[34] ウスマンはこの組織が、ミナンカバウ文化と社会の発展に役立つと考えて、支持した。[35]

ウスマンによれば、ミナンカバウ地域に固有の慣習法であるアダットは、これまでオランダ支配のためだけに学ばれてきたが、今度はミナンカバウの民衆が自分たちのために学ぶ番だと考えた。調査所の目的は、日本軍の強化ではなく、ミナンカバウ民族の発展である。調査所がある州庁舎に、ライデンで出版されたオランダ語の書籍や各地の図書館の本を、トラックで大量に運び込ませた。そして大部屋に陳列し、矢野の許可があれば、日本人でも現地住民でも利用できるようにした。何人かの学生が司書となった。その一人が、バトゥ・サンカルのモハマッド・イドリスの息子だった。バタビアの普通高等学校が閉鎖された後、パダンに戻ってきていた。[36]

パダン市長代理のときに、ウスマンは日本軍将兵との友好を深め、彼らにミナンカバウ文化を知ってもらうために文化行事を催した。州庁広場に日本軍将兵を集め、ミナンカバウの口承物語チンドゥア・マトの鑑賞会と、ミナンカバウの伝統武道であるプンチャ・シラットの演武を開催した。こうした行事をただの遊びだと揶揄する人もいたが、幸い、多くの日本兵が参加した。彼らの興味を一番引いたのは、シラットだった。この武道の有名選手であるアンジャン・ドゥラーをウスマンは尊敬していた。ウスマン自身も、彼らと一緒にシラットの練習をした。その結果、彼は膝に青あざをつくった。そのあざは数日間消えなかったという[37]。

さらにウスマンは、「ミナンカバウ融和」という団体を作った。ミナンカバウ社会・文化の理解を通じて、日本軍と民衆の意思疎通を円滑にすることが目的だった。ウスマンは、この団体によって、日本軍の民衆への圧力が和らぐことを期待していた。この間、日本軍と住民の衝突が頻発していた。団体のメンバーは、師範学校、ウラマ（イスラーム法、神学に通じた知識人）、貴族などから選ばれたミナンカバウの有力者たちだった。一カ月に数回、州庁舎で会合が開かれ、ミナンカバウ民族の要望が日本軍に対して出された。矢野もよく姿をみせた[38]。

この団体の成果は、日本兵への規則を作らせたことだ。何人かで草案をつくり、矢野が承認して発令された規則には、道端や女性の前で小便をしないこと、面前で激高し、乱暴な振る舞いをしないこと、慰安所を市外に移すことなどが定められていた。日本兵たちはミナンカバウ民族のことを見下していた。そのため州庁には、苦情の手紙が数多く寄せられていた。一方、憲兵は団体メンバーへの警戒を強めた。ウスマン夫妻と憲兵隊の関係は悪化した[39]。

インドネシア「独立」問題

インドネシアにいたある軍人の回想によれば、矢野と副官の若松市太郎中尉は、第二五軍軍政監部総務部長の渡辺渡大佐（一八九六―一九六九）の許可を得て、一九四三年初頭にジャカルタを視察した。二月一八日、デス・インデスホテルで、スカルノのほか、ハッタ、アグス・サリム、モハマッド・ヤミン、スキマンと会った[40]。

スカルノは日本軍によるインドネシア独立について、慎重な口調で尋ねた。矢野は日本政府が「独立」という言葉を禁句にしていることを承知の上で、あえて「そんなことは軍政監部の諒解を必要としない何んでもないことだから、独自に大いにやればいいいんじゃないか」と言った。予想外の答えに、スカルノは驚きと躊躇を覚えながら喜んでいたという。ジャワに渡る前に矢野は、第二五軍軍司令官の田辺盛武中将に「新たに義勇軍を募るにつき、彼等の独立の夢、独立ということを示唆してやれば、必ずや全民衆が、よろこび奮起する」と具申していたのであった[41]。

では軍政監部の方は、独立問題についてどう考えていたのだろうか。

第二五軍軍政監部で「民心把握」に従事した平野栄は、「民心把握」を公的なものと私的なものに分けた上で、後者の取り組みについて、つぎのように振り返っている。

（一）最初はメナンカバウ族が家族主義だと知り、当時の日本の家族主義を結びつけようとしたが、調査が進むにつれ思想の相違がわかったのであきらめた。

（二）二回目は郷土防衛を唱えた。即ちスマトラの郷土はスマトラ人自体が防衛すべきだ、今日本軍が防衛してくれているが、諸君はこれに積極的に協力すべきだと説いた。これは可成り共感を呼び効果があったと思う。

（三）三回目は独立させるべきだと考えた。

スカルノ（右端）と矢野兼三（右から3人目）（道標記念出版委員会『赤道標』赤道会事務所，1975年，279頁より）

戦況の進展により島民の積極的協力は愈々必要となり、その方法が問題となった。色々と考えた末、島民との接しょくで、彼等は前述の如く心の奥には独立したい気持を強くもっていることに思いつき、協力の代償として独立させる約束をする以外にはないと私的に結論した。[42]

平野は班員交代により、一九四四年四月に東京の陸軍省軍務局軍務課を訪ねた。課長に現地情勢を報告した際、思い切って「独立さすべきだ」と進言した。課長は声を荒げることなく、「意見」として聞いてくれた。[43]

以上のことから、日本とアジア諸国を兄弟になぞらえ、疑似家族と捉えるイデオロギーが、占領地ではさほど役に立たず、「民心把握」には義勇軍、そして独立への支持が不可欠だと考えられていたことがわかる。

平野のこうした考えは、ジャワ・フィリピン派遣軍宣伝班、ビルマ工作にあたった南機関★5のような現場の軍人だけでなく、東条英機をはじめ中央の大本営・日本政府でも共有されていた。彼らは程度や対象の違いこそあれ、「独立」については推進または肯定の立場であった。

それに対して、そもそも南方を安定確保し、自給圏とするために編成された南方軍は、南方の経済統制を脅かしかねない「独立」の動きに反対し、民族運動の利用は「火遊び」だと批判した。[44]「総理大臣施政演説中対外処理方針の件」が決定された一九四二年一月一五日段階では、フィリピンの独立は確約され、ビルマとオランダ領東インドの独立も示唆されていた。ところが、シンガポール陥落翌日の二月一六日に帝国議会で行われた東条の演説では、「ビルマ人のビルマ」、「印度人の印度」との言い方がなされ、「独立」という表現は避けられた。インドネシアについては、「安住の地」との表現がなされ、より明確に「独立」表明が避けられた。その背景には、南方軍による巻き返しがあった。[45]

これに先立ち、第一六軍は一九四二年三月三〇日の布告で、政治的議論と民族旗の使用を禁止すると通達し、まもなく民族歌「インドネシア・ラヤ」も禁止していた。[46]さらに四三年五月の「大東亜政略指導大綱」では、帝国領土化が密かに決められ、「独立」は後景に追いやられた。

日本軍は、インドネシア人の不満をガス抜きするため、一九四三年三月にプートラ[★6]（民衆総力結集運動、委員長スカルノ）を開始し、翌年三月には大政翼賛会や満洲の協和会を模してジャワ奉公会（総裁スカルノ）を設立、住民を動員した。四三年一〇月三日には、ジャワ、マドゥラ、バリの各島でジャワ防衛義勇軍（ＰＥＴＡ）の設立を発表し、司令官以下すべての将兵がインドネシア人からなる民族軍が創設されることとなった。

ところが一九四四年八月一九日の「今後採るべき戦争指導の大綱」に、「将来東印度を独立せしむることを成る可く速やかに宣明す」という文言が盛り込まれ、翌月七日、帝国議会で「小磯声明」が発表されると、大本営・政府はインドネシアの「独立」を認める方針に大転換した。ここからインドネシア独立問題は一気に動き出し、「日本の東南アジア占領史の終焉を飾る最大の焦点」として浮上する。[47]

★5　**南機関**　日本軍の対ビルマ謀略機関（一九四一年二月―四二年七月、鈴木敬司機関長）。英米による重慶の蔣介石政権への物資補給路（ビルマルート）を遮断するために陸海軍共同で設立。開戦前に三〇名のビルマ青年を海南島で密かに軍事訓練し、開戦後に彼らを中心にビルマ独立義勇軍（ＢＩＡ）を結成した。ビルマ独立後、「三〇人志士」と称えられた彼らのなかには、独立運動の指導者アウンサン（一九一五―四七）、大統領ネイウィン（一九一一―二〇〇二）がいる。

★6　**プートラ**（民衆総力結集運動）　スカルノ、ハッタらを中心に、軍政への協力を目的に一九四三年三月にジャワで組織された運動。地方行政官の協力を得られず、一年で解散。その後、四四年三月に大政翼賛会や満洲の協和会を模して、住民の動員と統制の一元化を図ったジャワ奉公会が設立されている。

スマトラ戦犯

一九四四年四月まで西海岸州司政長官の任にあった矢野は、その後、日本に帰国し、敗戦後の四八年にはB級戦犯として巣鴨プリズンに収監された。その後、スマトラの獄中に移送されている。その原因となったのが、スマトラ工作であった。

スマトラ工作、あるいはス号工作、S工作は、一九四三年九月、オランダの残置諜者の摘発を狙った憲兵隊が、東スマトラの抗日組織を一斉逮捕し、約一六〇名の容疑者を検挙した事件である。同志が赤いハンカチを所持していたことからオランダ側は「赤いハンカチ事件」、中国側は「九・二〇事件」と呼ぶこともある。戦後に開かれたオランダの対日戦犯裁判では、憲兵のほか、軍人や警察関係者など、多数の人間が連座した。[48]

この件について、「スマトラ戦犯といえば、スマトラ工作事件と言っても差しつかえのないほどのものである」[49]といってはばからない矢野は、自身の責任について、つぎのように弁解している。

オランダ軍が日本軍に降伏する際に、その軍隊であるアンボン人などは原住民だからいずれ解放されるであろうとて、それに強力な牒報網を残しておいた。はたして解放された原住民兵は、この残置牒報網を活躍させた。その端緒をつかんだのが、宮内中尉であった。偉功

> とされ、金鵄勲章ものだと称揚された。その直接指揮者は私の管内にあった第二十五軍司令部の参謀部で、なかでも参謀大村中佐はその全体の指揮者であった。宮内中尉は参謀部勤務でもあり、大村参謀の片腕とされていた。
>
> この宮内は、私の政庁の特高科長を命ぜられた。しかし彼は大村参謀の直接指揮で動き、州長官の私の指揮をうけない、報告さえしない。私に一言も知らさずに、管内の一斉検挙をやる。へまなやり方だ。私は長く地方官をやり、警察の経験もある。そんなやり方を見てはいられないし、第一に管内治安の責任者に、無届で勝手な真似をやられてはたまったものではない。私は強く叱責した、同時に参謀部に抗議し、軍司令官へも申し出た。[50]

矢野は参謀たちについて「横暴」と酷評していた。
また矢野は、一九四三年四月八日に第二五軍軍政司令官に着任した田辺盛武中将ですら、スマトラ工作には反対であったとし、側近参謀たちが主導したと主張する。

スマトラ工作事件を、参謀連が単に内面指導しただけとし、憲兵隊や州政庁に押しつけて帰った謀略は、それを承認した田辺に、実は最大最終の責任を押しつけたことになった。それにまぬかれがたい、のっぴきならぬ責任は前にも書いたごとくスマトラ工作の対象たる残置諜報網の首謀者たる蘭軍スマトラ司令官の少将を、軍法会議にかけて処刑してしまった。

矢野兼三（左）と西田林蔵　**西田誠氏提供**

このことは田辺はむしろ反対意向であったが、ついに参謀連に引きずられてしまったのであった。[51]

結局、田辺司令官は戦犯として死刑判決を受けて一九四九年七月にメダンで刑死した。一方、日本に帰った矢野は、京都市左京区にある天台宗の古寺・寂光院に通ずる道沿いにある民家で暮らしはじめた。六〇年代半ばのことである。この家は材木業で栄えた茶谷家が所有するもので、現在、築一三〇年の本居と築七〇年の離れ屋からなる。この家に新婚時代に暮らした西田晴彦と、茶谷家の末っ子と小中学校時代に同級生だった、晴彦の弟の誠によれば、村の収入役だった父・西田林蔵は生前、矢野と交流をもち、尊敬の念を抱いていたという。[52]

矢野は再婚した妻と、この古民家で暮らした。同じ町内に住んでいた高浜虚子の高弟となり、俳誌「志賀」を主宰した。俳号は蓬矢。一九八一年二月一九日に老衰により亡くなっている。[53]

一九四五年七月に矢野蓬矢名で刊行され、六〇〇句を収録した『句集　赤道標』（非売品）について、『戦争詩歌集事典』は「作者は兵士ではないので、現地作品であっても戦闘にかかわる作はほとんどない。いわゆる『風流』『風雅』の域を出ない作品ばかりだが、占領地とはいえ、作者の任期中には、すでにガダルカナル戦の敗退があり、守勢に立たされていたこともあって、多少の危機意識は散見される。だが、戦う者の俳句でないことだけは確かである」[54]と評している。

「トラ狩りの殿様」の訪問

話を軍政二年目に戻そう。この頃、日本軍の西スマトラへの関心は俄然、高まっていた。

一九四三年初頭、マライ軍政監部最高顧問兼マラヤの文民長官で、尾張徳川家第一九代当主の徳川義親《よしちか》侯爵[★7]が、西スマトラを二度訪問した。その際、彼に随行していたのが、佐立五十男だった。このとき佐立はシンガポールで徳川の補佐をしていた。ウスマンと露子も一団に随行した。一回目の滞在期間は数日程度であったが、徳川はパダン、ついでダレックの村々を回った。ブキティンギではホテルに泊まったが、そのときドリアンを持ち込もうとしてホテルの従業員に断られている。徳川はドリアンが好物で、ちょうどドリアンの季節だった。二回目の訪問では、パダ

★7 **徳川義親**（一八八六—一九七六）東京出身の革新華族。元越前藩主松平慶永の五男。尾張徳川家の養子となる。東京帝国大学史学科・植物科卒業。三月事件のためのクーデター資金二〇万円を提供。事件後、大川周明、石原広一郎らと国家改造運動に乗り出す。二・二六事件時、青年将校の意を天皇に伝えようとした。日中戦争時は排英運動を展開。敗戦後は日本社会党の結成に尽力。東京裁判の証人として法廷にも立っている。

ンパンジャンのデニヤ・プトリ学校を視察した。シンガポールに帰る際、ウスマンは徳川に現地特産のコーヒーを渡した。[55]

徳川はスマトラを視察した際に、工業施設や民族慣習の把握に努めるとともに、学校教育の調査をしている。一九四三年二月八日付の日記には「オスマン夫妻、恩田支庁長、市長と共に、小学校にゆく。生徒三百名、日本語をよくする。音楽も上手なり」と記している。マレー語の愛好家だった徳川は、スマトラの子どもたちが紀元節の練習、ラジオ体操、君が代、愛国行進曲の歌唱に励む姿に感心したのである。[56]

徳川義親（右から2人目）と矢野兼三（中央）［1943年，パダン］（赤道標記念出版委員会『赤道標』赤道会事務所，1975年，巻頭頁より）

徳川は蕁麻《じんま》疹《しん》の治療のために一九二一年に訪れたマレー半島で、目の前に飛び出してきた三メートル近い虎をウインチェスター銃で仕留めた。[57] 本人曰く、北海道で毎年行っていた「熊狩りの体験がマレーのトラ狩りに役にたった」[58]。虎のほかに象や黒ヒョウも撃ったが、「マレーのトラ狩りは誇大に宣伝され、ぼくは〝トラ狩りの殿様〟といわれるようになった」[59]という。その後、彼は昭南市長の大《おお》達茂雄《だちしげお》に談判して、昭南博物館・昭南植物園の総長となり、戦時下であるにもかかわらず、日英の学者による共同研究の支援をした。[60]

当時、マラヤ文民統治機構では、文民官僚と軍政官僚との間で深刻な対立があった。一般的に軍将校は文民官僚を軽んじる傾向にあったが、内地で強大な権限をもつ内務省から派遣された文民官僚は、軍部に対抗することができた。実際、渡辺渡総務部長は、内務官僚の大達茂雄昭南市長と対立して一九四三年三月一日付で更迭され、日本に帰国させられている。[61] 第二五軍司令官・山下奉文《ともゆき》の側近だった渡辺は、占領初期にスルタンに対して強硬な姿勢をとっていたことで知られる。[62]

ガウスの対日協力

ところで、徳川のミナンカバウ視察に通訳として同行したのが、ガウスだった。[63]

ガウスは日本に留学していた時、東京外国語学校にプルワダルミンタを訪ねた際、オランダ語学の朝倉純孝《すみたか》教授（一八九三―一九七八）に会った。その朝倉教授から、徳川義親を紹介されていた。[64] 一九四二年にシンガポールが陥落して約一カ月後に、ラッフルズ広場の建物のなかでガウスは徳川義親と再会した。[65]

ガウスは、東京慈恵会医科大学を卒業した後、ドイツのハイデルベルク大学で学びたいと考えていた。ところがヨーロッパ情勢が悪化し、断念を余儀なくされる。その上、シンガポールにいる父親の体調が思わしくないとの連絡を受け、一九三九年九月に東京を離れ、月末に父親の下へ向かった。[66]

織物商だったガウスの父は三五年にシンガポールに移住し、アラブ通りで「トコ・パダン」という名の店を開いていた。幸い父は元気だったものの、店の方は開店休業となっていた。ガウスは家族の暮らしを支えるため、シンガポールで医院を開業しようと医師協議会を訪ねた。しかし担当者は、マレー人が日本で医学を勉強してきたなど到底信じられないと取り合ってくれず、侮辱までされた。その際、徳川は在シンガポールの日本総領事館の総領事に宛てて、開業医として登録できるよう紹介状を書いてくれた。[67]

こうして医院を開くお墨付きを得たガウスであったが、開業場所がみつからぬまま数カ月を無為に過ごした。ベンクレン街のセハット医院のイブラヒム医師がみかねて、医院の階段脇を提供してくれ、一日に数人の患者を診られるようになった。数カ月後、サウス・ブリッジ街のニッポン診療所に就職し、月給二〇〇ドルで働いた。患者の多くは、性病や梅毒、皮膚病に罹患していた。同じ診療所の中村医師が診療し、ガウスが処方箋に記入するという仕事だった。やがてアラブ街に開業場所がみつかり、ガウスは自前の医院をもつ。その年の一二月にはノース・ブリッジ街の、より大きなところに引っ越した。ノース・ブリッジ街にはニッポン薬局もあった。[68]

しかしシンガポールで、彼は居心地の悪さを感じた。東京滞在中から聞いてはいたが、反日感情は予想以上に激しかった。「日本留学から帰った私は、民衆の反日感情の犠牲にならぬよう、細心の注意をはらった。診療所の看板には、ただ医師とのみ書いて、東京という字は出さなかった。

そんなことを書けば何か妨害されるおそれがあった。マレー人の間ですら私は日本で勉強してきたことを言わないようにつとめた」[69]。「シンガポールについてから私は、日本人商店がコールタールで真黒く塗られた話や放火された話などを耳にしたし、ビーチ・ロード・マーケットで日本人と中国人漁夫との間で争いがあった話などをきいた。日本商品はボイコットされ、日本商品を買った者は人力車に拒否された。買い手が耳を切り落とされたなどという話もあった」[70]ほどだった。

開戦後の一九四二年二月半ばのこと、ロビンソン街の捜査課に所属するマレー人職員がガウスのところに突然やって来て、出頭するよう命じた。捜査課ではイギリス人係官から、大亜細亜協会での演説と、頭山満と一緒に映っている写真を咎められ、ロビンソン街の刑務所第六号独房に一〇日間にわたって拘禁されてしまう[71]。

シンガポール陥落後、家族とクンバンガンで保養中、サウス・ブリッジ街の警察署に勤務する前田が訪ねてきて協力を求められた。ガウスは警察署の一室に机を与えられ、シンガポールに避難しているマレー人のために「良民証明書」の発行に携わった。その前田の仲介で、ガウスはラッフルズ広場で徳川と再会したのである[72]。

一九四二年一〇月頃、徳川義親はカトンの公邸にマラヤ諸州の元首たちを集め、演説をした。その通訳を任されたのがガウスだった。ガウスは「マラヤ諸州の元首たちとじきじきにお目にかかれたのは、私にとって何と光栄至極のことであったろう」と、当時を振り返っている[73]。軍政監部付きの佐立五十男とも再会した。佐立は朝日新聞社の記者にガウスを取材するよう取り計らってくれた。[74]

一九四三年の初頭、軍政監部衛生部長の佐藤博士から、イブラヒム医師、パグラー医師とともに昭南医師会を組織するようにとの要請を受ける。佐藤博士の事務所を事務局とし、パグラー博士を会長、イブラヒム博士を副会長、ガウスを含む四人の開業医を委員として昭南医師会は発足した。当時のシンガポールは衛生状態が劣悪で、赤痢、チフス、マラリア、脚気、結核、栄養不良、貧血症が蔓延していた。ガウス自身、親友を赤痢で失うという苦い経験をしている。[75] 他方でこの頃、ガウスはカリマンタンのテロク・バユール出身のマスナ・ビンティ・モハマッド・ディンという女性と結婚し、その後二人の女の子を授かっている。[76]

当時、ガウスはマレー人厚生協会や軍政監部宣伝班、衛生班のためにも働いていた。厚生協会でガウスは、各民族の厚生協会を指導する立場にあった篠崎護から、「マレー人社会に分裂を生じさせている」と、厳しい口調で批判された。[77] 篠崎は、同盟通信社の前身にあたる日本電報通信社に一九三二年に入社。三六年に外務省情報部嘱託として、ベルリンの日本大使館、シンガポールの日本総領事館に勤務したが、四〇年にイギリス当局によってスパイとして逮捕された。しかし開戦後に日本軍によってチャンギの獄中から解放され、昭南特別市の教育課長を経て、厚生課長を務めていた。

他方でガウスは、二〇人ほどのメンバー（大半はスマトラ島出身者）とともに「一九四二年世代」というグループを結成し、宣伝班と緊密な連絡をとりながら、「大東亜戦争」の理念を宣伝していた。「一九四二年世代」は、生得の権利としてインドネシア人であることを標榜したが、昭南特別市と第二五軍軍司令官は、こうした言動がマレー社会を分裂させていると考え、その「張本人」であるガウスに警告したのである。[78]

このように、ガウスは日本軍政に協力していたが、軍政当局は彼の行動に一定程度の警戒心を抱いていた。

すでに述べたように、日本軍の方針はインドネシアを三分割統治し、スマトラはマラヤと一体統治するというものであった。

実際、青年マレー同盟（ＫＭＭ）の流れを汲むマレー人ナショナリストたちが、日本軍に協力していた。そのひとりであるイブラヒム・ヤーコブは、ジャワの「プートラ運動のマラヤ版的なもの」[79]であるクリス運動を組織し、スカルノと連携して「大インドネシア」の実現を目指した。

敗戦間際の一九四五年八月一三日には、経済学者・板垣與一（一九〇八―二〇〇三）の仲介で、スカルノとハッタはタイピン飛行場の待合室で顔を合わせている。この時のことを振り返って、板垣は「〔引用者注：イブラヒムの「大インドネシア」構想について〕ハッタは非常に共鳴して大いに激励してくれたのだけれども、むしろスカルノはいろんな事を考えていたのか、とにかく全体として自分に大いに激励していたけれども、インドネシア＝ラヤという点についてはやはり特にハッタが一番賛成の意を表したとあとで聞きましたね」[80]と述べている。しかしこの構想は、日本の敗戦によって水泡に帰してしまう。それでもイブラヒムは日本軍の飛行機でジャカルタに飛び、スカルノの支援を受けてインドネシア議会に参加した。[81]

ガウスらの「一九四二年世代」がどのような宣伝活動を行っていたのかは不明だが、「マレー人社会の分裂」という軍政当局の懸念は、案外杞憂ではなかったのかもしれない。

1——『アミナ回想記』一五七—一五八頁。
2——『アミナ回想記』一五八頁。
3——町田敬二『戦う文化部隊』原書房、一九六七年、九八、一〇九頁。
4——前掲『戦う文化部隊』一〇二—一一〇頁。
5——内海勝正「パダンの宣伝班」近衛歩兵第四聯隊史編纂委員会『近衛歩兵第四聯隊史』近衛四錦紫会、一九八一年、一〇一一—一〇一二頁。
6——前掲「パダンの宣伝班」『近衛歩兵第四聯隊史』一〇一三—一〇一四頁。
7——前掲「パダンの宣伝班」『近衛歩兵第四聯隊史』一〇一四頁。
8——前掲「パダンの宣伝班」『近衛歩兵第四聯隊史』一〇一四頁。
9——『ガウス回想録』三九頁。
10——『アミナ回想記』八三—八四頁。
11——「ヤマナシQUEST　インドネシアにささげた一〇〇年」ＮＨＫ甲府放送局、二〇一四年一一月七日放送。
12——大木昌『インドネシア社会経済史研究——植民地期ミナンカバウの経済過程と社会変化』勁草書房、一九八四年、三三二頁。
13——前掲『インドネシア社会経済史研究』三三二頁。
14——前掲『インドネシア社会経済史研究』三三四—三三五頁。
15——前掲『インドネシア社会経済史研究』三三七—三三九頁。
16——前掲『インドネシア社会経済史研究』三六一—三六二頁。
17——『アミナ回想記』八一—九三頁。

18——前田俊子『母系社会のジェンダー』六二—六三頁。
19——『アミナ回想記』七六—七七頁。
20——『アミナ回想記』八三、一〇三頁。
21——『アミナ回想記』一五八頁。
22——『アミナ回想記』一六一頁。
23——『アミナ回想記』一六一—一六三頁。
24——前掲「ヤマナシQUEST　インドネシアにささげた一〇〇年」。
25——矢野兼三『スマトラ獄中記』国書刊行会、一九八二年、二三頁。
26——前掲『スマトラ獄中記』著者略歴。
27——田中克己「昭和一七年　スマトラ日記帖」(https://cogito.jp.net/tanaka/sanbun/sanbunshu-sumatra.html：二〇一八年五月三〇日検索)。
28——『アミナ回想記』一六四頁。
29——『アミナ回想記』九二頁。
30——『アミナ回想記』一七三—一七四頁。
31——『アミナ回想記』一七四—一七六頁。
32——『アミナ回想記』一七六—一七八頁。
33——『アミナ回想記』一八二—一八三頁。
34——一九四三年三月に矢野兼三が設立。Peter Post et al. *The Encyclopedia of Indonesia in the Pacific War : In Cooperation with the Netherlands Institute for War Documentation.* (Handbook of Oriental Studies. Section 3, Southeast Asia, v. 19) Leiden: Brill Academic Pub.2010.pp.621—622.
35——『アミナ回想記』一八一—一八二頁。
36——『アミナ回想記』一八三—一八五頁。
37——『アミナ回想記』一八五—一八八頁。
38——『アミナ回想記』一八八—一八九頁。
39——『アミナ回想記』一八九—一九〇頁。

40――『アミナ回想記』一九〇―一九二頁。
41――矢野兼三・文、山口猛彦・画「スマトラ随筆」前掲『赤道標』二七八―二七九頁。
42――平野栄「スマトラの思い出　民心把握と独立問題」前掲『赤道標』四三四頁。
43――前掲「スマトラの思い出　民心把握と独立問題」前掲『赤道標』四三四頁。
44――前掲『東南アジア占領と日本人』二三〇―二三二、二九四頁。
45――河西晃祐『大東亜共栄圏――帝国日本の南方体験』講談社、二〇一六年、一三一―一三三頁。前掲『東南アジア占領と日本人』二一七頁。
46――前掲『東南アジア占領と日本人』二一一頁。
47――前掲『東南アジア占領と日本人』二八七―二八八頁。
48――鈴木正夫『スマトラの郁達夫――太平洋戦争と中国作家』東方書店、一九九五年、二三三頁。
49――前掲『スマトラ獄中記』一八頁。
50――前掲『スマトラ獄中記』一六―一七頁。
51――前掲『スマトラ獄中記』六七頁。
52――西田晴彦・誠兄弟へのインタビュー、二〇一九年二月九日、京都市左京区大原草生町草庵。
53――富の思い出集編集委員会編『富の歩み　思い出集』非売品、一九八一年、一五七頁。
54――高崎隆治『戦争詩歌集事典』日本図書センター、一九八七年、三五七頁。
55――『アミナ回想記』一七八―一七九頁。
56――小田部雄次『徳川義親の十五年戦争』青木書店、一九八八年、一五三―一五五頁。
57――徳川宗英『徳川家が見た戦争』岩波書店、二〇一六年、一九一頁。
58――徳川義親『最後の殿様』講談社、一九七三年、六六頁。
59――前掲『最後の殿様』七五頁。
60――西原大輔『日本人のシンガポール体験――幕末明治から日本占領下・戦後まで』人文書院、二〇一七年、九六―九七、二一三―二一六頁。
61――ポール・H・クラトスカ『日本占領下のマラヤ　一九四一―一九四五』行人社、二〇〇五年、六八頁。倉沢愛子編『南方軍政関係資料⑱　極秘戦時月報・軍政月報』龍溪書舎、二〇〇〇年、一二頁。

62――辛島理人『帝国日本のアジア研究――総力戦体制・経済リアリズム・民主社会主義』明石書店、二〇一五年、一〇八頁。
63――『ガウス回想録』九四―九六頁。同書九四頁には「一九四四年初めころ」の出来事とあるが、「一九四三年初頭」の誤り。
64――『ガウス回想録』六五―六六頁。
65――『ガウス回想録』七八頁。
66――『ガウス回想録』七一頁。
67――『ガウス回想録』七一―七二頁。
68――『ガウス回想録』七二―七三頁。
69――『ガウス回想録』七三頁。
70――『ガウス回想録』七四頁。
71――『ガウス回想録』七五―七六頁。
72――『ガウス回想録』七八頁。
73――『ガウス回想録』八〇―八二頁。
74――『ガウス回想録』八八頁。
75――『ガウス回想録』七九―八〇頁。
76――『ガウス回想録』九七頁。
77――『ガウス回想録』八八―八九頁。
78――『ガウス回想録』八九―九一頁。
79――一九七八年三月二〇日、東京での板垣與一の話。「インタヴュー記録 板垣与一氏・山田勇氏・内田直作氏」『特定研究「文化摩擦」 インタヴュー記録D 日本の軍政』東京大学教養学部国際関係論研究室、一九八一年、一四二頁。
80――一九七八年三月二〇日、東京での板垣與一の話。前掲「インタヴュー記録 板垣与一氏・山田勇氏・内田直作氏」『特定研究「文化摩擦」』一六一頁。
81――前掲『帝国日本のアジア研究』一一九―一二一頁。

第四章

外国で闘ったインドネシア独立戦争

ウスマン一家、九死に一生を得る

一九四三年冬、昭南島[★1]を出た八隻の船団は晴天に恵まれて、穏やかな南シナ海を順調に進んでいた。[1]

ところが台湾沖に近づいたとき、突如として敵機が飛来し、爆弾を投下した。爆弾は船団を率いる箱根丸をかすめた。たちまち悲鳴が上がり、船内は大混乱に陥った。[2]

そのとき、叫び声を上げて右往左往する若い兵士たちを、デッキの上から眺めるインドネシア人家族がいた。夫婦は子ども三人を袋に入れて紐でしばり、その袋とともに小艇に降りた。ほかの乗客たちもそれに続いた。そして、無傷の貨物船の方に次々とよじ登った。[3]

五時間前後で箱根丸はゆっくりと沈んでいった。犠牲者は出なかったものの、彼らの全財産は水泡に帰した。[★2][4]

一家の主であるウスマンは、このとき三六歳。その妻シティ・アミナこと長田露子は二九歳。丸帽子に長袖長ズボン姿の長男は四歳、ワンピース姿の長女は二歳、それに従弟の息子の総勢五人。ウスマンは内閣情報局の翻訳要員として勤務するため、日本を目指していた。スマトラから東京に向かうウスマンのほかに、シンガポールからはアブドゥラー・カミルが、ジャワ、マラヤ、ビルマからも三人が情報局に派遣されていて、道中で一緒になった。[5]

ウスマンのこの日本行は「スマトラ新聞」で、つぎのように報じられた。

〔昭南同盟〕○〔引用者注：○は「建」か〕設の飛躍的発展に伴い、南方原住民諸言語を使用する各種出版刊行物は激増しつつあるがマライ軍政監部は之等刊行物の翻訳班を情報局が組織する事になったのに鑑み、今回軍政監部内○〔引用者注：○は「政」か〕科勤務モハマッド・ニルウスマン及びマライ新聞社勤務アブドラ・カメルの両氏を日本に派遣する事　決定した。両氏は近日中東京に赴く[6]

戦時下の言論統制

内閣情報局は、情報局官制（勅令第八四六号）により一九四〇年に設置された。内閣情報部（一九三七年に設置）の任務を引き継ぎ、情報収集、報道啓発宣伝を進めるほか、新たな任務として、新聞紙出版物等に関する処分・指導取り締まりなどを行うことになった。しかし、情報局が設置された後で軍の情報機構が復活し、軍が国民に直接呼びかけたため、情報局を設置した趣旨の大

★1　**昭南島**　日本はシンガポールを、一九四二年二月から四五年八月まで、南を照らすという意味を込めて昭南島と改称した。

★2　**海没死**　「大東亜戦争」における「戦死」の特徴に、艦船の沈没に伴う海没死の多さがある。米海軍が魚雷の欠陥を修正し、日本商船の暗号解読に成功して船団を待ち伏せ攻撃できるようになった結果、海没死者の総数は三五万をこえた。

半が、開戦前の段階で反古《ほご》になっていた。[7]

新聞、出版、映画、演劇の検閲も、内務省の反対によって、国家総動員に関係するもののみがその対象となった。このため、情報局新聞課は、内務事務官との兼職が大半だった。報道宣伝についても、作戦など軍事に関することを発表するのは大本営の所管で、閣議決定事項の発表にとどまった。一九四五年六月になって、情報局新聞課は大本営報道部と合体し、ようやく情報の一元化を果たしたが、情報局の地位は戦争遂行上、総じて従属的なものに過ぎなかった。[8]

戦前の言論統制の核心は、一八九三年の出版法と一九〇九年の新聞紙法にある。これらは、出版と発行の届け出義務、社会公共の安全や風俗を不法に破壊するものの発売禁止、外交軍事の秘密事項の無許可掲載の禁止、皇室の尊厳を冒瀆し、政体を改革し、国家の基本組織を乱す事項の出版掲載を禁止した。一九三〇年代に入ると、この体制はさらに強化されていく。三六年の不穏文書臨時取締法は、二・二六事件前後の怪文書横行を防ぐために定められた。三八年に国家総動員法が制定され、勅令によって新聞その他の出版物における記事の制限・禁止ができるようになった。四一年の新聞紙等掲載制限令によって、官庁関連、軍事、軍用資源等の機密を掲載することが禁じられ、首相は外交・財政について記事の制限・禁止ができるようになった。それまで法律によってしか言論統制ができなかったのが、これによって勅令・示達で可能になった。[9]

開戦後の一九四一年一二月二一日には、言論・出版・集会・結社等臨時取締法が施行され、結社や集会は許可事項となり、出版物の発行も許可制となった。一度でも発行禁止になると、内相が必要と認めた場合にはその出版物の以後の発行を禁止でき、同一人もしくは同一発行所の出版物の刊行も禁止できるようになった。[10]

このように、戦時下において新聞社や出版社は大きな制約を受けたが、当時の大手紙は軍部と結託して戦争を煽り、発行部数を伸ばしていた。関東大震災を機に東京一七紙といわれた在京新聞社の大半が被災して倒産すると、大阪に本社のある「朝日新聞」と「毎日新聞」が東京に進出し、二大紙を形成した。朝日と毎日は満洲事変支持に回ることで発行部数を伸ばし、一九四〇年に「朝日新聞」は三〇〇万部、四一年に「毎日新聞」は三五〇万部、両紙の後塵を拝していた「読売新聞」も四四年には一六二万部にまで部数を伸ばした。[11]

ウスマンの「抗議」

一九四三年一二月、門司港から東海道を経て東京駅に辿り着いたウスマンらは、内閣情報局員の出迎えを受け、徒歩で帝国ホテルに向かった。数日後、内閣情報局本部に招かれたスマトラ代表のウスマンは、現地での日本軍の悪行を指摘し、インドネシアの独立を支援しないことに対して「抗議」した。[12]

ウスマンは、生活苦にあえぐ西スマトラの民衆を何とかしたいと考えていた。たとえば、ブキティンギ、パダンパンジャン、パダン市では食材を得ることも、自分たちで探すことも難しかった。何かを買うには、行列に並ばないといけなかった。たとえお金があっても、欲しいものが手に入るとは限らなかった。都市部から離れた、地方の人びとの暮らしはもっと大変だった。衣服を得ることさえままならなかった。民衆と日本軍との衝突も絶えなかった。西スマトラのソロックでは、日本軍の悪行を知って怒りに駆られた長老が、米倉庫を管理する日本兵のコーヒーに毒を入れようとして処罰された。第二五軍は民衆のことを考えず、自己中心的だった。ウスマンは日本に着いたら、こうした状況を軍務局に伝えるつもりだった。[13]

ところが、内閣情報局本部で「抗議」したウスマンは当局から疎まれ、ウスマン一家は帝国ホテルに五カ月にわたって「幽閉」されてしまう。[14]

一九四三年一一月にスカルノが来日した際にも、ウスマンは招待されなかった。このときはジャワ出身の南方特別留学生だけが、軍人会館でのスカルノとの食事会に招かれた。その一人、モハマッド・スジマンは、スカルノが宿泊していた帝国ホテルで、同じく宿泊していた頭山満を訪ねている。頭山はスジマンに向かって、「アジア人のアジアだ。アジアを解放するために戦わねばならない。西洋とわれわれはちがう。西洋は自然を征服し、それを使おうとする。しかし、われわれアジア人は自然と一体となって生活する。寒ければ自分でからだを温める。動物はオーバーコートなど来ていないだろう」と語った。この言葉に影響を受けたスジマンは、毎日、乾布摩擦をはじめたという。[15]

南方特別留学生たち

スジマンは、ジャワ島のケドゥ州プルオレジョ県で一九二三年五月二日に生まれた。親は教員をしていた。四四年五月に横浜市警察練習所に入所。陸軍将校に勧められ、同年一〇月に明治大学専門部興亜科付設高等専攻科に入学したが、空襲を逃れ、四五年四月に京都帝国大学法学部に入学。四八年四月には大学院に進学している。

日本語学校の入校式に出席したマレーシアやスマトラからの南方特別留学生。
[1943年7月5日，東京・目黒の国際学友会日本語学校講堂にて撮影]
写真提供：共同通信社

スジマンのほか、スラウェシ出身のシラジュディン・バソ（工学）、ザイナル・アラム（農学・医学）、ヤン・モウリッツ・タノス（工学・医学）、カンドウ・アレキサンデル・ヤン・アウゲスト・ルマノウ（工学・農学）が明治大学に進学している。第一回南方特別留学生の大半は官立専門学校や公立講習所に通っていたが、私学では明治大学だけが受け入れ先に選ばれた。これには、かつてウスマンやユスフ・ハッサンがこの大学で学んでいたことが影響している可能性がある。

明治大学は彼らインドネシア人留学生のために毎週一〇回、二時間を単位としたカリキュラムを作成し、学徒動員で閑散とした学園の片隅で、憲法、国際公法、政治史などを教えた。留学生は「明治新聞」編集者の取材に対し、「過去の秕政《ひせい》〔引用者注：悪い政治や政策のこと〕を革め、ひたすら同族の共栄を庶ふ」と答えたという。高等専攻科の修学期間は本来一年以上だが、明治大学の学籍簿によれば、五名はわずか半年後の一九四五年三月三〇日付で卒業したことになっている。[16]

前章で触れたように、この時期の日本政府はインドネシアの独立を認めず、またジャワとスマトラを切り離して考えていた。しかし、インドネシア出身の留学生にとって、ジャワ島出身者とスマトラ島出身者とが別の班に編成されることには不満があった。一九四三年一一月、明治神宮国民錬成大会に参加したインドネシアの留学生たちは、行進が東条首相の前にさしかかると、「ジャワ班」「マラヤ・スマトラ班」のプラカードを投げ捨ててしまった。そんな留学生たちの空気を察したのか、陸軍省は彼らを厳重に監視した。[17]

来日直後、日本軍に「抗議」をしたウスマンが煙たがられたのは間違いないが、彼は「敵国人」ではないため、連合国側の民間人のように抑留されることはなかった。

戦時下の日本は、連合国側民間人を組織的に抑留していた。抑留所は日本国内のほか、朝鮮、満洲、インドネシアなどの占領地に設けられた。そのなかでもインドネシアで抑留されたオランダ人は約一〇万と、群を抜いていた。[18]

日本国内では、戦域拡大によって占領地や拿捕船から民間人が連行され、抑留されていた。一九四二年一二月には、オピテンノール号のオランダ人四四名とインドネシア人三五名が、四四年三月には、ジャワのオランダ人二二名が、それぞれ抑留されている。[19]

一九四四年三月二六日、ジャワから連行されたオランダ人電気技術者とその家族が下関に到着した。それから二週間は帝国ホテルで豪華な食事でもてなされた。その後、芝区白金台の元チリ公使館に収容され、川崎市生田で軍事機密の兵器開発に協力した。四五年五月一六日には愛知県の抑留所に移転している。[20]

一九四四年六月、ミナンカバウ族のアリフィン・ベイが、南方特別留学生として来日した。彼は二五年生まれで、親は教育者だった。オランダ式の教育を受けたベイが、はじめて日本軍と遭遇したのは、バンドゥンの高等師範の寄宿舎にいるときだった。その後、パダンに戻り、南方特別留学生の選抜試験に合格し、渡日した。試験問題には、「日本は大東亜共栄圏樹立のために戦っています」、「アジアの国ぐには手をつないで行くべきだ」といった日本語の文章をインドネシア語に訳すものがあったという。[21]

アリフィン・ベイにとって日本で一番印象的だった食事は味噌汁で、風呂は人生に大きな影響を与えた。インドネシアでは希少な玉ねぎが味噌汁に入っているのを知って驚き、本当に美味しいと感じた。門司で経験した初めての風呂はあまり良い印象を受けなかったが、東京では銭湯に足繁く通い、営業時間前から並ぶほどであった。銭湯で知り合ったおじさんの家に招かれ、その娘に恋した彼は、井の頭公園でデートした。[22]

アリフィン・ベイは、戦時中の日本で自分は「日本社会の一員として、いわば身内同様に迎え入れられた」[23]と感じた。だから、南方特別留学生の出身者は「まったく反日感情を持っていない」[24]と述懐している。彼は戦後、ニューヨーク国連放送局に勤務した後、ジャカルタの英字新聞「インドネシア・ヘラルド」編集長、在日インドネシア大使館参事官、筑波大学客員教授、アセアン（ＡＳＥＡＮ）協会副会長を歴任し、知日家として知られた。[25]

「共栄圏の一員として……」

ウスマンは一九四五年三月一〇日の東京大空襲まで、帝都で暮らした。

この間の彼の動静について、露子の回想記は、ウスマンが東京帝国大学法学部で、ミナンカバウのアダットについて講演したことに触れる程度である。[26]

一九四四年六月二九日付の「日本新聞報」（新聞統制団体・日本新聞会の機関紙）に掲載されたウスマンの論説記事「インドネシア新聞と共栄圏　スマトラ……アブドゥル・マジット・ウスマン」からは、ウスマンが当時、文化的な対日協力にむしろ積極的であったことが見て取れる。

この記事の冒頭でウスマンは、「今次大東亜戦争の意義と目的を直視するとき、インドネシア新聞界も自ら共栄圏の一員として、全インドネシア民族を指導すべき重要な地位を占めているものであることは多言を要せぬ」と指摘する。その上で、オランダ時代のインドネシアでは「インドネシア人民新聞」が「西欧資本家の道具であり政府の宣伝機関であるオランダ新聞」に対抗しており、後者が「民族意識、団結、文化の破壊を行いかつ経済的圧迫を加えていた」のに対して、前者は「民族運動の指導者として又オランダ政府の『分割統治』に対する反抗の先鋒として、インドネシア全民族の燈火となっていた」と述べる。続けて彼は、つぎのように持論を展開している。

蘭系新聞が政府と資本家の庇護によって十分の資金、資材や便宜を供給されたのに対し、われ等の新聞は資金、資材の不足と政府に都合のよい著作法や著作者に対する緘口令によって絶えざる逼迫の中に苦闘を続けて来たのであった。しかしながら物資的に劣勢にあった新聞や新聞人が蘭系新聞のそれらよりも甚だしく劣ったものであると考える人がありとすれば、それは非常な誤りである。われ等は蘭系新聞のそれよりも巧妙な筆法を以てその任務に邁進し蘭系新聞はしばしばわれ等によって牽制されたのであつた。しかしこれ等は既に過去となってしまった。しかして共栄圏の一員として新発足したインドネシア新聞界は従来の欧州色を一掃し大東亜戦争完遂に協力するのみである。

即ち内に対しては全民衆に対し共栄圏の一員たるの自覚を喚起し戦争によって生ずるあらゆる資材の不足を充たすために国民総力の発揮と銃後精神の昂揚せしめる重要任務を遂行すると共に民衆の意志を挫折しその信頼と団結に動揺を来さしめんとする敵の謀略宣伝からかれ等を護らねばならない。

また外に対しては新聞界が戦前の如き分裂に陥ることなく、同一の目的の下に団結し、七千万インドネシア回教徒を理解するものは即ちインドネシア新聞人である事を自覚し、全民衆のよき、指導者たり、よき勧告者であり、よき相談役であらねばならない。

昨秋東京において大東亜新聞大会が開催せられ、共栄圏各国各地の実情を相互に理解し合う機会を得た事は非常に欣快に堪えないところであって、この大会の結果今回大東亜新聞協議会の創立を見たことは、社会、経済、文化を通じて大東亜共栄圏確立に寄与する所大なるものあるを信じて疑わぬと同時に、本会の事業計画として左の提言をしたいと思う。[27]

ここで言う「提言」とは、大東亜新聞協会を共栄圏における新聞界の最高機関と位置づけ、東京、共栄圏各地の首都の持ち回りで、少なくとも年に一回は大会を開くことと現地視察を行うこと、共栄圏各地からの連絡員を東京に常駐させることなどを指している。その実現のためには、「他を軽蔑する如き総ての雰囲気を一掃」し、「真の兄弟として相互研鑽の念を起さしむる様努力すること」が肝要で、「インドネシア語新聞はインドネシア人自身によって運営」すべきだという。

この「提言」がなされたのは、日米両軍がサイパン島で戦闘を繰り広げていた最中のことで、日本軍にとっては戦略的守勢期にあたる。戦局は、日本軍が東南アジアから太平洋にかけての広大な地域を短期間で占領することに成功した戦略的攻勢期（一九四一年一二月―四二年五月）、さらなる戦線拡大を目指す日本軍に対して、連合軍が反撃に転じた戦略的対峙期（四二年六月―四三年二月）、米軍が戦略的攻勢に出て、日本軍が守勢に回った戦略的守勢期（四三年三月―四四年七月）、そして日本軍が敗戦必至の状況の中で抗戦を続けた絶望的抗戦期（四四年八月―四五年八月）という過程を辿った。[28] そのことも考慮すると、ウスマンの「提言」は、「注文」のようにも聞こえてくる。彼はインドネシア新聞人、大東亜共栄圏の一員としての自負心を抱きながらも、帝国日本の現実にもの申す、抗う主体であった。

ウスマンは当時三八歳。この記事には、「日刊新聞ラジオ紙の編集長」を経て、「パダン日報編集長」、「一時パダン市長代理」を務め、「情報局の対外宣伝の要員」として「招かれて」東京に来たと、簡単な略歴が付されている。

東京から甲府へ

東京大空襲後、持病の喘息を抱えていたウスマンは肺炎を患い、日本大学医学部附属板橋病院で治療を受けた。退院後、一家は東京から甲府に移った。列車で三時間の旅中、ウスマンの健康状態は思わしくなかった。そのためウスマン一家は、露子の父・長田瑛が愛宕山の麓に所有する牧場で過ごすことにした。[29]

数カ月間にわたってウスマンは寝返りを打つことしかできず、毎日大量の汗をかくので、シーツの洗濯と日干しが欠かせなかった。戦時下にあって、多くの人が十分な食糧を確保できないなか、ウスマン一家は、露子の父親のお陰で、肉、卵、鶏を送ってもらえるなど、食べ物に困ることはなかった。ウスマンのもとには、山梨県のイマイ内務部長もよく訪ねてきた。かつて彼はジャワに派遣されていた。大阪からは、南方特別留学生のイスマイル・ナジールがやって来て、数日泊まっていった。彼は、ウスマンの縁者ハジ・ウスマンが神戸で経営するマレー・インポートを手伝ったことがあった。ほかにも、インドネシア人留学生たちが訪ねてきた。彼らは戦局の悪化で奨学金が止まり、自活していた。[30]

愛宕山の麓からは、空襲を受ける甲府の様子がよくみえた。連合軍の飛行機は甲府市に焼夷弾を投下し、街は焼き尽くされた。空襲があると、ウスマンたちは防空壕に隠れた。あるとき、家の台所に爆弾が落ちた。幸い不発弾で、すぐにウスマンが家の外に投げ捨てた。[31]

B29が甲府の上空に現れるようになったのは、一九四五年五月に入ってからのことである。同月一九日には狭西、狭南の山中二カ所に爆弾を投下し、負傷者が出ている。ついで六月九日には国母地区の田畑に爆弾が落とされたが、このときは被害はなかった。そして七月六日。日中の最高気温が二九度に達した、蒸し暑い夜、一三八機が飛来し、翌日未明にかけて二時間半ほど爆撃が続いた。市街地の七四パーセントが焦土と化し、一一二七名がその犠牲となった。その後も県内では七月三〇日と八月一三日に富士吉田が、八月一三日に大月市が空襲に遭った。[32]

このとき疎開先の妻の実家で空襲を体験した作家の太宰治は、その様子をつぎのように回想している。

夕食の時、笑いながら家の者に言ったその夜、空襲警報と同時に、れいの爆音が大きく聞えて、たちまち四辺が明るくなった。焼夷弾攻撃がはじまったのだ。ガチャンガチャンと妹が縁先の小さい池に食器類を投入する音が聞えた。

まさに、最悪の時期に襲来したのである。私は失明の子供を背負った。妻は下の男の子を背負い、共に敷蒲団一枚ずつかかえて走った。途中二、三度、路傍のどぶに退避し、十丁ほど行ってやっと田圃に出た。麦を刈り取ったばかりの畑に蒲団をひいて、腰をおろし、一息ついていたら、ざっと頭の真上から火の雨が降って来た。[33]

太宰はとっさに子供を背負ったまま布団をかぶった。幸い、焼夷弾の直撃はまぬかれたが、辺り一面は火の海となり、片端から布団で火炎をおさえ、事なきを得た。

JR甲府駅から徒歩で一五分ほど行くと、太宰が新婚生活を送った貸家の跡地に記念碑が建てられている。太宰治記念碑実行委員会が一九八九年に建立したもので、喜久乃湯《きくのゆ》温泉と御崎《みさき》神社のほぼ中間地点である。太宰と甲州出身の妻・美知子は、三九年一月から八カ月にわたってここで暮らし、その間、太宰は『黄金風景』、『女生徒』などを執筆した。

「傀儡」への推挙

ウスマンは興亜総本部の東印度独立促進協議会に出席するため、一九四五年五月八日から一一日にかけて東京に滞在した。そこには鈴木文四郎《ぶんしろう》[★3]のほか、第一六軍の宣伝班員として徴用された武田麟太郎《りんたろう》[★4]、浅野晃[★5]、富沢有為男[★6]ら文士の姿があった。その席上でウスマンは、スマトラの「臨時インドネシア政府」の首班になるよう提案された。しかし彼は、日本の「傀儡」となることを拒み、その話し合いは瓦解したと露子は回想するが、それを裏付ける証拠はない[34]。

興亜総本部は、乱立する興亜諸団体を統合し、思想の統制化を目指す国民運動である興亜運動を推進してきた大政翼賛会[★7]と、その外郭団体の大日本興亜同盟が、閣議決定によって統合されて新設された、興亜運動の指導を強化するための中枢機構である。東条英機が初代総裁に就任し、参与には下中彌三郎らが名を連ねた。一九四三年五月二六日の大政翼賛会興亜総本部規定で、興亜総本部は大政翼賛会総裁に直属し、大政翼賛会運動規約の主旨に則って興亜運動を行うこととされた[35]。

一九四四年七月に東条内閣が崩壊したのを機に役員刷新が行われ、新統理に松井石根、名誉顧問に頭山満らが選ばれた。同年一〇月二一日には規程と職制の大改正がなされる。それ以後、興亜運動機関の設置、講演会、演説会、講習会、協議会、研究会、懇談会、展覧会、顕彰、使節派遣、歌曲、文芸など多様な事業活動を展開した[36]。興亜総本部の新設によって、大政翼賛会による直轄化が図られ、興亜運動の統制・強化が進められた。その結果、興亜運動においては、日本を盟主とする東亜新秩序、大東亜共栄圏論が支配的になった[37]。

武田麟太郎の奔走

さて、興亜総本部でウスマンが顔を合わせた武田麟太郎は、第二章冒頭で紹介した町田敬二率いるジャワ派遣軍宣伝班「戦う文化部隊」に徴用された一人だった。武田は浅野晃、阿部知二、

★3 **鈴木文四郎**（一八九〇―一九五一）ジャワ新聞社の初代社長。東京外国語学校英語科を卒業後、東京朝日新聞社に入社。一九二三年、日本初の日刊写真新聞「アサヒグラフ」の創刊に編集部長として携わる。四一年に出版局局長。開戦後、ジャワに赴任し、日本語新聞「ジャワ新聞」を創刊。四三年三月末まで現地に滞在した。

★4 **武田麟太郎**（一九〇四―四六）大阪市出身。東京帝国大学文学部仏蘭西文科中退。プロレタリア作家として出発。一九三六年、雑誌『人民文庫』を創刊・主宰し、文壇をリードするも発禁処分を受け、経済的困窮に陥る。四一年、徴用。翌年、ジャワ上陸。日本がジャワ住民の啓蒙を目的として四三年に設立した軍政機構である啓民文化指導所文学部の運営に携わる。四四年一月に内地帰還。

★5 **浅野晃**（一九〇一―九〇）詩人・評論家。東京帝国大学法学部仏法科卒業。同経済学部大学院中退。プロレタリア運動に参加するが、後に転向し、日本浪曼派に属した。一九四二年三月から同年一〇月までジャワ島に滞在し、日本語新聞「うなばら」編集のほか、三亜運動、日本語学校・千早学校の開設、インドネシア語雑誌『アジア・ラヤ』の編集、日本語教科書や読本の作製などに携わった。戦後は立正大学文学部教授。『寒色』で読売文学賞受賞。

★6 **富沢有為男**（一九〇二―七〇）大分市生まれの小説家。東京美術学校中退。フランスから帰国後、小説家になる。一九三六年、『地中海』で芥川賞受賞。ジャワ平定時に、バンドゥン放送局から戦争は終わったと呼びかけた。

★7 **大政翼賛会** 第二次近衛文麿内閣の成立を受け、一九四〇年に発足した政府の外郭団体。初代総裁は、挙国一致体制を目指し新体制運動を推進した近衛文麿。中央本部と地方支部からなったが、国民全体を国家に協力させる組織であるとして、会員制度はとらなかった。

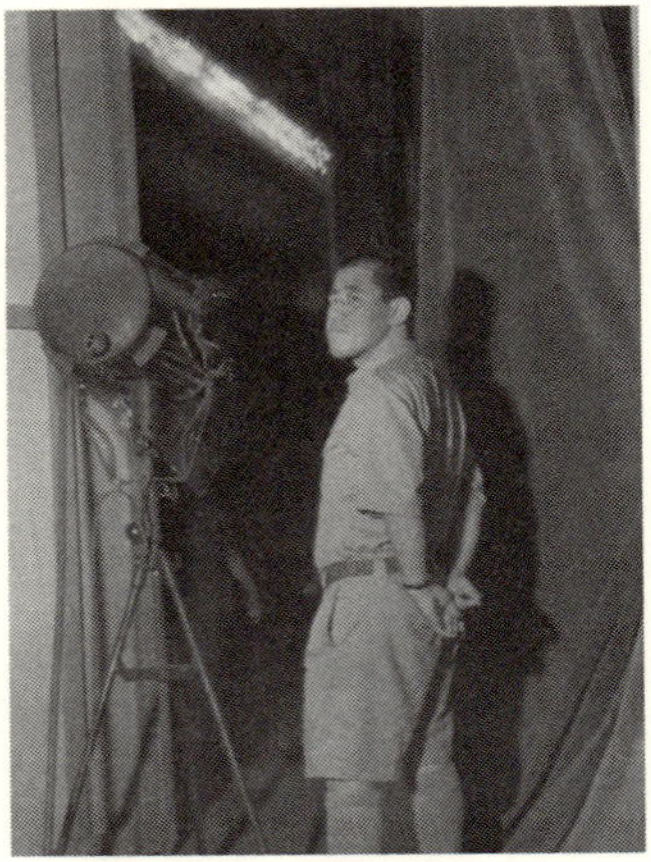

バタビヤ市立劇場舞台裏の武田麟太郎
［1942年］　写真提供：朝日新聞社

大宅壮一ら文士仲間が乗った佐倉丸ではなく、平安丸でジャワに上陸した。一九四二年のことである。同年三月九日にジャカルタの宣伝班本部に顔を出し、バンドゥン支部にいた富沢有為男と入れ替わりで、翌日バンドゥンに赴く。武田は当時、宣伝班では浮いた存在で、大宅壮一から戦後、武田は使い道がなくて何もせず、「武田一座」をつくったと酷評されている。[38]

大宅のいう「武田一座」とは巡回宣伝班のことで、四月一五日にジャカルタを発ち、バンドゥン、チラチャップ、ジョクジャカルタ、ソロ、マラン、バニュワンギ、バリ、スラバヤ、スマランを経て、六月八日にジャカルタに戻っている。旅の中でインドネシア語での日常会話ができるようになった武田は、半年余りの徴用期間が終わった後も、四年近くジャワに滞在し、大宅壮一（評論）、池田信夫（音楽）、河野鷹思（美術）、安田清夫（芸能）、小野佐世男《させお》（漫画）、清水斉らと共同で、宣伝班の外郭団体・啓民文化指導所を開設・運営した。インドネシア人俳優とともに劇団を創設してもいる。武田は芸術的な舞台表現よりも、大衆演劇路線にこだわった。[39]

一九四四年一月に日本に帰国すると、二月に杉並区・永福寺の浅野晃宅を訪ね、日本政府を動かしてインドネシア独立を認めさせたいと相談をもちかけた。ミッドウェー海戦の敗北、山本五《い》十《そ》六《ろく》連合艦隊司令長官の戦死報道を受け、まだジャワにいるはずの武田の消息を案じていた浅野は、武田の無事を知って喜んだ。すると武田は、「じつはお願いがあるんです――」と、改まった口調で切り出した。[40]

御承知のようにはじめ軍はインドネシアの独立を支援するといいながら、その約束を裏切った。いま戦局は緊迫している。このままでは日本は彼らを欺したことになる。これは日本人として耐えられないことだ。なんとかして政府を動かして、インドネシアの独立を認めるという方針を打ち出させたい。そのためには、あなたが乗り出してほしい……。[41]

浅野は共産党を離れてから政治活動に無縁であることを理由に固辞したが、武田は「万事は自分が計画を立てるから、任してほしい。自分のいう通りに動いてもらえばよい」、「先輩、先輩の出番が来たのです」と説得した。何日かして再び現れた武田は、関係官庁、陸海軍の各種団体、政界官界の有力者を回る計画を示した。恐れをなした浅野が「これは無理だよ」というと、武田は「岡倉天心を説いてもらえればよいので、あとの心配は不要だ」といった。[42]

それから二人は霞が関へ行き、大東亜省、興亜院、陸軍省、海軍省、東亜研究所などを行脚した。[43]

いろんな所へつれて行かれた。私の知っていた所は僅かで、相手もほとんどが知らない人だった。一人の時もあり、数人の時もあった。

武田は私にしゃべらせて、自分は終始無言であった。私はジャワでの半年間の経験を話した。おそらく何の効果もなかったろう。どこで、どんな人に、どんな話しをしたか、少しの記憶もない。ただ一つ覚えているのは、陸海軍の将官級の人たちの集りでのことだ。

私の話しのあと熱心な質問を受けた。意外なことに、陸軍の人よりも海軍の人の方が、よく分ってくれたらしかった。だが大勢は、インドネシアといっても信用は出来ないといった感触であった。[44]

こうしたロビーイングは一カ月以上[45]続き、海軍の一部には反響があったが、全体的には成果がなく打ち切られた。[46]

小磯声明

しかしその後、東条内閣が退陣し、朝鮮総督小磯国昭《くにあき》が後任首相になると、武田は再び現れた。一九四四年八月、陸海軍の現役の大将と中将を三〇人も集めた武田は、インドネシア情勢を伝え、独立を認めるべきだと力説した。浅野は「東条の時代にはとてもできなかった。よくもこんな会合を開くのに成功したものだ」と驚いた。[47]

日本政府内部ではこの八月に陸軍、海軍、政府高官からなる連絡会議での激論を経て、陸軍は「東印度」の独立賛成に転じる一方、海軍は時期尚早だと頑なに反対した。海軍側は、もし陸軍・政府側が独立を許容するなら、ジャワとスマトラを海軍地域から切り離して処理すべきだと主張した。最高戦争指導会議は、近い将来に「東印度」の独立を許容するという新政策を決定したが、海軍だけは同意しなかった。そして九月七日、帝国議会の外交政策演説のなかで、インドネシアの独立許容を表明した小磯声明が出される。[48]

当時の様子を、浅野はつぎのように回想している。

武田が現われた。「先輩、とうとうその時が来ました。こんどこそ大丈夫です」と、彼は勇気凜々としていった。

私は又しても、彼の引廻すままに、各方面への歴訪を始めた。武田の予感は当った。間もなくインドネシアの独立を支援する旨のわが国の態度が公表された。

インドネシアへの武田の無私の愛情には、本当に心を打たれた。しかし彼はこの件については沈黙を守った。筑摩書房から出た『ジャワ更紗』[★8]という小冊子だけが、それの名残である。その最後の一篇は、若き詩人サヌシ・パネー君に宛てた手紙になっている。[49]

その「手紙」のなかで武田は小磯声明について、こう触れている。

過般の臨時議会に於ける小磯首相の、東印度独立について用意するところがある旨の演説は、諸君にどんな反響を呼び起したか、それも眼に見えるようだ。すっかりインドネシアびいきになっている自分も、本当に我が事のように感激した。内地では、まだまだインドネシア民族の実情について、誤り伝えられている点がないではない、中には全く滑稽な、例にあげるのさえ笑止千万な認識不足もある。すべて、毛唐流の優越感からアジアに対する歪められた見方と宣伝とが、我が国にも入っていた証拠である。そうしたものに向って、どうだ、東印度は独立の将来を約束されたんだぞと、大きな声で云ってやりたい心持でした。[50]

「独立」観の相違

日本帰国後の武田のこのような動きをみると、興亜総本部における会議の席上、武田や浅野がウスマンを日本の傀儡に推したということは十分に考えられる。しかし彼ら文士たちが考える独立と、ウスマンが目指す独立には隔たりがあった。

武田は先の『ジャワ更紗』のなかで、こう続けている。

もっとも、自分は独立と云う言葉の持つ古臭い匂いはあまり好きではなかった。それが自主的存在を意味する限りは結構であるが、植民地搾取や奴隷政策を前提とし、それに対立す

> る概念としてならば、この大東亜共栄圏に於ては、あり得ない言葉だからです。ジャワでは、皇軍によってすでにそうした前提条件はきれいに排除されたのだし、事新しく独立と云う問題も今までに考えられずに、唯々聖戦完遂に邁進して来たのだと思います。だから、今与えられようとする独立は、諸君が永い間旧蘭印政府と抗争して来た民族運動の究極の目的であったものとは、些か性質を異にするものではないでしょうか。云うまでもなく、大東亜共栄の大理想は、今後も幾多の困難と時間とを超克してのみ樹立されるのだが、そのために、独立なる形式も現実的には必要となって来るのでしょう。そう、自分は解釈する。[51]

検閲の影響もあっただろうから、武田の真意ではなかったかもしれないが、『ジャワ更紗』のなかで彼は、小磯声明のいう「独立」が「民族運動の究極の目的」とは「性質を異」にすることを認めつつ、これを「現実的には必要」だと肯定している。

一九四四年の小磯声明は、肝心の独立の時期を「将来」という表現でぼかしたが、インドネシアの民族主義者や民衆に与えた心理的影響は大きかった。声明の一週間後にジャワ軍政当局はスカルノを隊長とする推進隊を発足させている。声明の二カ月後、ジャワ軍政の日本側当局者は、

★8　サヌシ・パネ（一九〇五―六八）ジャカルタの師範学校などで学び、一九二〇年代に多くの詩作を発表した作家。オランダ政庁が設立した図書の選定・出版を行う機関であるバライ・プスタカ、啓民文化指導所で、四五年まで重要な役割を果たした。

1944年9月8日を期して認められた2色のインドネシア民族旗［1944年9月18日，ジャカルタ］　**写真提供：共同通信社**

自治政府の準備のため、インドネシア人参与の増員と参与議会の設置、中央参議院の拡大、インドネシア人の副州長官への任命を許可した。[52]

それに対してスマトラの日本側軍政当局者は時期尚早だとして、一九四五年一月まで明確な策を講じなかった。スマトラ中央参議院が設置されたのは、ジャワ中央参議院が発足して一八カ月後のことだった。スマトラのインドネシア人で郡長以上になれた地域はパダンとパレンバンにとどまった。軍政への協力推進を目的に日本側によってスマトラに設立された大衆組織である奉公会は、州ごとに独立していて、ジャワ奉公会のように中央集権的な組織にはならなかった。このように、小磯声明の効果は地域によって異なり、限定的だったが、インドネシア人へ権力を移譲するよう現地の軍政当局に促したのは間違いなかった。[53]

なお、武田は一九四四年一〇月に、小学五年生になる文章《ぶんしょう》と三年生の穎介の二人の息子を、山梨県下吉田町の松風荘に学童疎開させている。自身も、翌年五月二五日の空襲で麹町二丁目の家が全焼したため、本郷森川町の徳田一穂《かずほ》のもとに身を寄せている。翌月、甲府市伊勢町にある日蓮宗の大寺・遠光寺に妻・とめ子とともに疎開するも、今度は遠光寺が甲府空襲で全焼。ジャワにも持って行った日本刀だけを持って着のみ着のまま山梨県富河村の日蓮宗・弘円寺に逃れ、子どもたちと合流、本堂の一二畳と続きの八畳で寝起きした。九月に山梨県昭和村の正覚寺、一二月に藤沢市片瀬西浜に移ったが、敗戦前後を山梨で過ごしていることも、ウスマンとの関係を匂わせる。[54]

スカルノの独立宣言

甲府から出られないまま、ウスマンの妻、露子は第三子を身ごもっていた。玉音放送ははっきりとは聞き取れなかったが、敗戦を悟った。[55] 原爆投下からは、ずっと家で過ごしていた。ほどなくして米軍が甲府に進駐してきた。このときウスマンは喘息からまだ回復しておらず、ラジオ放送を熱心に聞いて、外国の情報を収集していた。[56]

そんなある日、ウスマンが家でラジオの周波数をあわせていると、雑音に交じってスカルノのインドネシア独立宣言が聞こえた。畳の上に座って耳を近づけると、民族歌のインドネシア・ラヤも聞こえてきた。ウスマンは八歳の長男と六歳の次女に、「インドネシアが独立したんだ」と説明した。長男は内容を理解しているようだった。ウスマンと露子は幸せな気持ちになった。ウスマンは目を輝かせ、元気を取り戻した。[57]

一九四七年のある日、ウスマンは甲府の米軍に呼び出された。東京からきた駐日オランダ代表部の少将から、戦犯裁判の証人になるよう要請された。しかしウスマンはこれを拒否した。オランダと日本の問題に関わっても、インドネシアにとっては何の得にもならないと考えたからだった。[58]

スカルノの独立宣言を聞いて、すぐにでも帰国したくなった彼は、出国の道を何度も探ったが、甲府を出ることすら認められなかった。対オランダ独立戦争を闘う現地の同志たちと連絡を取ることもできなければ、自分の家族の消息も摑めなかった。そんなウスマンたちをみかねて、露子の父・長田瑛は模範社の製糸工場跡地に木造の新居を建ててやった。この家に移り住んだ後、第四子が生まれた。一九四八年五月二一日のことだった。長田瑛の援助のお陰で、ウスマン一家は何不自由なく暮らせた。[59]

ウスマンはじっとしていられない性質だった。病気療養中も、常に何かしようと考えていた。[60]ウスマンは、模範社の製糸工場が敗戦によって操業停止になっていたのに目をつけ、繊維会社にした。資金は長田瑛らから出してもらい、靴下、下着、セーターを製造した。この会社の利益で、ウスマンは家族を養うだけでなく、困窮したインドネシア人の支援をした。[61]

ウスマンはインドネシア人留学生のことをいつも気にかけ、援助しようとしていた。勉学を支援するだけでなく、留学生行事のスポンサー役も買って出た。学生たちもウスマンを先輩として重んじていた。ウスマンによる支援の手は、留学生だけでなく、日本人と結婚したインドネシア人女性にも向けられた。そのひとりは、自転車店を営む日本人男性と結婚し、長野県との県境に位置する山梨県小淵沢《こぶちざわ》に住んでいた。また別の女性の粗末な家をみたとき、「こんなところに住まわせるなんて、夫は何てやつだ」と怒りを露わにした。彼は靴下やセーターだけでなく、現金を渡すのも厭わなかった。[62]

遠隔地ナショナリズムの高揚

敗戦後、日本在住インドネシア人たちは、戦争で解散状態になっていた在日インドネシア留学生会を再建した。一九四五年八月一七日にスカルノ、ハッタによって独立が宣言されたインドネシア共和国を支持するこの団体は、インドネシア政府の代表部が日本にまだないなか、身分証明書を発行するなど、国を代表する役割を果たした。他方で、反オランダ的な政治活動を展開し、一九四五年一一月四日には日比谷公園でベトナム人学生が中心になって開催した「本国独立達成大会」にも参加している。[63]

一九四五年一一月五日付の「朝日新聞」は、その模様を「本国の独立達成に気勢」との見出しでつぎのように報じている。

『インドネシア印度支那の独立を支持せよ』『大西洋憲章を実行せよ』と色とりどりの旗じるしをかかげた約一千名の大行列が四日午後、人出盛りの銀座を練り歩いて進駐軍のジープやトラックの足まで停めてしまった――これはサイゴンにおける安南独立軍と仏軍との衝突に憤激した安南人留日学生が同じくジャワで英軍との間に紛争をかもしたインドネシア人はじめ朝鮮人、支那人、トルコ人、比島人等の在日学生を糾合、午後一時日比谷公園に本国の独立達成大会を開催した流れである。行列は午後五時日比谷公園に帰着、解散した。

印度支那やジャワの独立運動はこのところ『星条旗』紙の一面のトップを占領していた記事だけに、ジープから首を出した米兵は、安南服も優雅な安南女学生に目を円くしながら、オオと納得のいった微笑を浮かべていた。[64]

同日付の「読売報知」は、「ジャワ情勢再び悪化か」との見出しで、バタビア三日発の外信記事を、つぎのように紹介している。

インドネシア共和国首脳部とファン・モーク蘭印総督〔引用者注：正しくは副総督〕非公式会談に対しオランダ本国政府は反対態度を表明、スカルノ博士との折衝を否認するに至ったので現地では再び事態悪化を予想する観測が一部で行われている。英軍偵察飛行の報告によれば中部ジャワには約十万のインドネシア軍が集結、ジョクジャカルタ、マゲラン、スラカルタ地区へ列車、自動車で移動しているといわれる。[65]

文中に出てくるファン・モーク（一八九四―一九六五）は、独立戦争のときに重要な役割を果たした政治家である。両親はオランダ人。ジャワで生まれ育ち、オランダのライデン大学を卒業後、一八年にオランダ東インド政庁に入り、役人人生を歩んだ。三七年に経済局長官、四一年に副総督となるも翌年には解任され、ロンドンのオランダ亡命政権の植民地相に就任、四四年には亡命植民地政庁副総督に就いた進歩的な指導者だった[66]。

彼は自らの境遇から、インドネシアはインドネシア人だけのものではなく、オランダ領東インドを故郷とするオランダ人、ユーラシアン[★9]、中国人、アラブ人らを含めた国家であるべきだと考えていた。そこで独立戦争中、インドネシア連邦を樹立すべく、オランダの傀儡政権を相次いで成立させたが、総督不在という状況では副総督の立場は弱く、オランダ軍に対する権限を持っていなかった。また、オランダ政府にとって、ドイツに占領された屈辱も癒えないうちにオランダ領東インドを失うことは到底受け入れられず、ファン・モークがスカルノら共和国首脳と会談することと自体を問題視した[67]。

こうしたなかで、その年の一〇月から翌月にかけて、ジャカルタ、バンドゥン、スマラン、スラバヤなどの各都市で、進駐してきた連合軍とインドネシア側との間で激しい戦闘が繰り広げられた。インドネシア側は一九四五年八月に人民保安団（ＢＫＲ）を創設したが、これは軍隊とい

★9 ユーラシアン　ヨーロッパ勢力の東南アジア進出にともない、ヨーロッパ人男性とアジア人女性の通婚によって現地で生まれた欧亜混血人の総称。とくにインドネシアとフィリピンでは独自の社会集団が形成された。

うよりも治安維持を目的とした警防団のようなもので、国民委員会に属し、大統領や国防相の指揮を受けなかった。[68]

一方、急進的青年グループは独自に武装組織をつくり、非正規軍が乱立したが、連合軍の上陸によって正規軍創設の機運が高まり、スカルノは同年一〇月に人民保安軍（ＴＫＲ）を創設。元義勇軍・兵補、元蘭印軍兵士、武装青年団体らが参加し、ジャワに一〇個師団が、スマトラに六個師団が編成された。その後、人民治安軍は共和国軍（ＴＲＩ）、国民軍（ＴＮＩ）と改称された。[69]

先の「読売報知」は、こうした過程をとらえて、つぎのように続ける。

ジャワに侮れないインドネシア軍の武装兵力があることが明らかにされた。インドネシア共和政府スポークスマンの声明としてオランダ通信が報じているところによると、このインドネシア武装兵力は六万乃至七万から十五万に拡大されんと企図されている。

中部ジャワのジョクジャカルタではインドネシア国民主義者は一日間で飛行機六十二、爆弾一千八百、迫撃砲八十、重機七、〇〇〔引用者注：判読困難〕五十八、手榴弾九千三百、小銃弾七万五千丁を奪取した。[70]

当時の在日インドネシア留学生会の初代会長は、一九一三年生まれのラデン・スワントで、ジャワ出身の彼は国際文化振興会の招待で、四三年から来日していた。在日インドネシア留学生会の動きを警戒していたオランダ当局は、この団体内部でスマトラ出身者とジャワ出身者の対立が生じ、スワントが会長の地位をウスマンに追われたことまで把握していた。当時、この団体と関係をもっていた日本人として、佐藤信英★10、石居《いしい》太《た》楼《ろう》★11の名を挙げている。[71]

駐日オランダ軍事使節団政治経済問題顧問のペニンクは、一九四六年九月一八日東京発の報告書のなかで、「彼らが（日本で）反オランダ的なプロパガンダを行うなら、全世界に対してオープンになってしまうので、日本に置いておくほうがオランダ側にとって不利です」と述べ、もっとも危険な人物としてウスマンと、アリフィン・バクリの名を挙げている。[72]

国連での動きにあわせて，インドネシアからオランダの撤退を求めて集会を開くアジア各国の人びと［1949年1月12日，東京・日比谷公園］
写真提供：朝日新聞社

一九四九年一月一二日、日比谷公園で在日インドネシア留学生が大規模集会を開いた。彼らは

★10 **佐藤信英**（一八九一―一九七八）鹿児島県出身。一九一九年に東京帝国大学法科大学を卒業した後、弁護士、上野精養軒専務。四〇年、バタビアに東京市経済局出張所が開設されると、初代所長として赴任。やがて海軍とも関係を築き、海軍軍令部嘱託となる。さらにバタビアの日本人商工会議所書記長に就任した。

「ムルデカ」（インドネシア語で「独立」の意）を叫び、「インドネシア・ラヤ」を歌いながら、他国の留学生や日本人支持者ら約三〇〇名とともにオランダ大使館に対する抗議デモを行った。[73]

インドネシア共和国政府は、首都をジャカルタからジョクジャカルタに移したが、オランダによる一九四八年の第二次軍事侵攻で陥落。スカルノとハッタがオランダ当局に逮捕されたため、スマトラに臨時政権を樹立することを余儀なくされた。

こうした祖国の危機的な状況が、移住先に住み続けながら祖国の政治情勢に介入する遠隔地ナショナリストのナショナリズムを高揚させたのである。[★12]

ガウスの独立闘争支援

その頃、シンガポールでは、ガウスが独立闘争を支援していた。

一九四六年四月初旬、ガウスはイギリス兵にロビンソン街の刑事捜査局に突然連行され、対日協力者としてイギリス人将校の取り調べを受けた。将校は濃灰色のアルバムを取り出し、在日インドネシア留学生会での集合写真、来日した大インドネシア党ストモ総裁の写真などを突き付け、アウトラム街の刑務所への投獄を命じた。[74]

獄中は劣悪な環境だったが、彼はインドネシア独立に沸く民衆の姿を思い浮かべ、希望をつないだ。当時のことを、ガウスはこう振り返っている。「日本留学時代の思い出は、この独房の暗黒の中に明るい楽しい光をともした。もう独房は暗くなかった。上野桜木町、銀座の人通りの中のレストラン、商店のショーウィンドウ、歩道の夜店などが目の前に美しく現れ、日比谷公会堂での大亜細亜大会での拍手喝采を耳にし、日本文化連盟、アジア関係の諸集会の熱気ある雰囲気を思いうかべ、また慈恵会医科大学での忙しかった日々をまざまざと思いだした[75]」。

ガウスのこの逮捕について、前章でみたように彼と因縁のあった、昭南特別市厚生課長の篠崎護は、つぎのように回想している。

日本が降服して五ヵ月後、その間の反日世論は日増しにホットになり、コラボレーター（対敵協力者）に対して、ごうごうと非難が集中した。

かつて自分達がその傘下に保護されていたことは忘れたかのように、ユーラシアン協会のパグラー博士への「大英帝国に対する反逆の罪」という厳しい起訴罪名に対しても、「世

★11 **石居太楼**（一八九六―一九八八）滋賀県出身。一九一四年、福井県敦賀商業学校を卒業。一七年、オランダ領東インド貿易を手がける潮谷商会ジャワ支店に赴任するも、恐慌で潮谷商会は破産。同志とともに潮谷洋行を興すも仲間割れし、二八年で引退。バタビア日本人会の運営に携わる。その後、日本商会を設立し、農機具を販売するかたわら、独立運動を支援。開戦時にオランダに捕まり、オーストラリアに抑留されるも、四二年にジャワに戻る。

★12 **遠隔地（遠距離）ナショナリズム** ベネディクト・アンダーソンが用いたことで知られるようになった概念で、人、情報、資本のネットワークを駆使することで、移住者が祖国、あるいは故郷と政治的に結びつこうとする主張や行為のこと。

論」はこれを当然とし、新聞論調もこれを支持した。

こうした騒然たる空気の中で、民族団体の直接所管者であった私は、検察側の証人として、博士を告発するという辛い立場に立たねばならなかった。日本が利用して来た対日協力者を、日本側の責任者に告発させ、その立証によって服罪させようとする、まことに老獪な英国側の手段に、私は義憤を禁じ得なかった。他の民族団体では、印度独立同盟の初代主席、ゴーホ博士、マレー厚生協会のガウス医師、勤労奉仕団長・朱来発氏等が起訴されていた。[76]

パグラー博士の「大英帝国に対する反逆の罪」とは、彼がイギリス国民の籍にありながら、天長節の式典で昭和天皇に忠誠を誓う献辞を朗読したことだった。しかし、パグラー博士、ゴーホ博士、朱来発はいずれも罪には問われず、解放された。イギリス当局は対日協力者の裁判を打ち切り、日本人戦犯の軍事裁判に移行した。[77]
七月半ば、ガウスは二カ月半ぶりに釈放された。[78]
その後彼は、対オランダ独立戦争で苦しむインドネシア人を助けるために、仲間たちとともに「インドネシア赤十字」を組織し、オーチャード街にあったイギリス赤十字の協力をとりつけた。会長には開業医のハッサン・アルジュニード博士、副会長にはガウス、事務局長には元ペナン州長官で弁護士のサアドン・ズビル、会計には商人のムタリブ、委員には教師のラシッド、船長のアダム、商人のハジ・マイディン、商人のパク・パサクが就いた。ロチャール街にある会長の診療所が事務所に選ばれた。[79]

ガウスたちの作った「インドネシア赤十字」は、ジャカルタに本部を置く「インドネシア赤十字」会長のバーデル・ジョハンの求めに応じて、インドネシア独立戦争初期に募金活動を行ったほか、木綿、羊毛製品、ガーゼ、包帯、防腐剤、クリスタルパウダー、解熱剤、下痢止め、ビタミン剤などを買い集め、イギリス赤十字会を通じて送った。[80]

シンガポール在住のインドネシア人数千名を擁するインドネシア労働党の本部事務所の部屋にはインドネシアの紅白旗が掲げられていたと指摘した上で、ガウスはつぎのように振り返る。

私たちの責務は六〇〇〇万人のインドネシア人の声を、シンガポールのみならず全世界に聞いてもらうことにあった。私は誰にも相談しなかったがニューヨークにできた国際連合に書簡を送るべきだと判断し、シンガポールにおけるインドネシア人の独立精神を手短かに説明するとともに、インドネシア全地域からのオランダ軍の即時撤退の必要性を強調し、同地域の平安と安寧のためにはインドネシア共和国の国際的承認が不可欠であると説いた手紙をしたため、シンガポール在住インドネシア人を代表して署名しニューヨークに送った。[81]

約二カ月後に、手紙を受理したことを知らせる国連からの手紙が、中央街のガウスの自宅に届いた。インドネシアから政府要人の来訪を告げるニュースを聞くたびに、シンガポールのインドネシア人は「爆発的な興奮に包まれた」。たとえば、シャフリル首相のときは一〇〇〇人が歓迎に押し寄せ、シャフリルが広間に入るやいなや、「『ムルデカ』の轟きが響いた」[82]。ガウスはそのときの熱気を、自らの興奮を交えながら、こう綴っている。

何という喜び、何という拍手、微笑、抱擁だったことだろう。わが友スカイミが、まわりの人びとの助けを借りながらシャフリルを彼の肩にのせて歩き出したとき、この興奮は絶頂に達した。人びとは拍手しながらどっと笑った。ホールの外の群衆も、これでわれらがリーダーの笑顔をみることができた。これは忘れようと思っても忘れられない瞬間だった。群衆はこぶしを握って空につき出すジェスチャーとともに、「ムルデカ」を三唱し、祈りをこめてシャフリルの成功を祈願した。一九四九年一一月、ハーグで開かれた円卓会議に出席した帰途、シンガポールに立ち寄ったハジ・アグス・サリム、ブン・タムジルおよびハッタ代表団も、同じように嵐のような歓迎を受けた。群衆はみな、誰にも命令されず自発的に集ってきた人びとだった。それはシンガポール在住インドネシア人社会の祖国に対する真の愛の表現であった。[83]

スタン・シャフリル、アグス・サリム、ハッタの三人は、ガウスやウスマンと同じミナンカバウ族だった。しかしこのときガウスが熱狂したのは、そのことが理由ではない。同じインドネシア民族という「想像の共同体」の指導者として、彼らをまなざしていたからである。

その後、ガウスはシンガポールで市民権を取得し、医師として安定した生活を送った。一九八〇年代前半に英語で回想録をまとめ、九一年に没している。[84]

1――『アミナ回想記』二〇四頁。
2――『アミナ回想記』二〇四頁。
3――『アミナ回想記』二〇五頁。
4――『アミナ回想記』二〇五頁。
5――『アミナ回想記』二〇二、二〇四―二〇六頁。
6――「ウスマン氏ら日本へ　情報局へ勤務」「スマトラ新聞」第一〇五号、一九四三年一〇月七日、水曜日。
7――伊藤隆監修・百瀬孝『事典　昭和戦前期の日本――制度と実態』一九九〇年、吉川弘文館、二八頁。
8――前掲『事典　昭和戦前期の日本』二八頁。
9――前掲『よみがえる戦前日本の全景』六六―六八頁。
10――前掲『よみがえる戦前日本の全景』六八頁。
11――前掲『よみがえる戦前日本の全景』六八―七一頁。
12――『アミナ回想記』二〇五―二〇六頁。
13――『アミナ回想記』二〇一―二〇二頁。
14――『アミナ回想記』二〇五―二〇六頁。
15――倉沢愛子『南方特別留学生が見た戦時下の日本人』草思社、一九九七年、八四―八五頁。
16――明治大学百年史編纂委員会編『明治大学百年史』第四巻、通史編Ⅱ、明治大学、一九九四年、三五四―三五七頁。
17――「大東亜の人質　南方特別留学生の半世紀　日米開戦五〇年」『ＡＥＲＡ』朝日新聞社、一九九一年八月二〇日。

18――小宮まゆみ『敵国人抑留――戦時下の外国人民間人』吉川弘文館、二〇〇九年、七―八頁。
19――前掲『敵国人抑留』二四三、二四五頁。
20――前掲『敵国人抑留』一七三―一七六頁。
21――林理介、アリフィン・ベイ『アジアが日本に忠告する』秀英書房、一九八二年、一五―二〇頁。
22――前掲『アジアが日本に忠告する』二二―二八頁。
23――前掲『アジアが日本に忠告する』二八―二九頁。
24――前掲『アジアが日本に忠告する』二〇頁。
25――前掲『アジアが日本に忠告する』二三八頁。
26――『アミナ回想記』二一二頁。
27――「インドネシヤ新聞と共栄圏　スマトラ……アブドウル・マジット・ウスマン」「日本新聞報」第一四七号、一九四四年六月二九日（木曜日）。前掲『戦時戦後の新聞メディア界』復刻版、第三巻、二七三頁。
28――吉田裕『日本軍兵士――アジア・太平洋戦争の現実』中央公論新社、二〇一七年、一四―二二頁。
29――『アミナ回想記』二一三―二一四頁。
30――『アミナ回想記』二一三―二一四頁。
31――『アミナ回想記』二一五頁。
32――山梨県戦争遺跡ネットワーク編『山梨の戦争遺跡』山梨日日新聞社、二〇〇〇年、四二―四五頁。
33――太宰治「薄明」『グッド・バイ』新潮社、一九七二年、一六頁。
34――『アミナ回想記』二一六―二一七頁。
35――翼賛運動史刊行会編『平和への検証　翼賛国民運動史』ゆまに書房、一九九八年、九四三―九四四頁。
36――前掲『平和への検証　翼賛国民運動史』九四五―九五〇頁。
37――太田弘毅「興亜運動の統制化――大日本興亜同盟から大政翼賛会興亜総本部まで」政治経済史学会編『政治経済史学』第二〇六号、日本政治経済史学研究所、一九八三年九月、一八―二一頁。
38――前掲『南方徴用作家』一四〇―一四三頁。
39――前掲『南方徴用作家』一四三―一五一頁、猪俣良樹『日本占領下・インドネシア旅芸人の記録』めこん、一九九六年、一一三頁。

40――浅野晃『浪曼派変転』高文堂出版社、一九八八年、二四〇頁。
41――前掲『浪曼派変転』二四〇頁。
42――前掲『浪曼派変転』二四一頁。
43――大谷晃一『評伝武田麟太郎』河出書房新社、一九八二年、三五八頁。
44――前掲『浪曼派変転』二四一―二四二頁。
45――前掲『浪曼派変転』二四二頁。
46――前掲『南方徴用作家』一五二頁。
47――前掲『評伝武田麟太郎』三六〇頁。
48――前掲『日本軍政とインドネシア独立』二四八―二四九頁。
49――浅野晃『浪曼派変転』二四二頁。
50――武田麟太郎『ジヤワ更紗』筑摩書房、一九四四年、一二二頁。
51――前掲『ジヤワ更紗』一二二―一二三頁。
52――前掲『日本軍政とインドネシア独立』二五〇―二五八頁。
53――前掲『日本軍政とインドネシア独立』二六六―二六九頁。
54――前掲『評伝武田麟太郎』三六二、三六九―三七四、四四〇頁。
55――『アミナ回想記』二二四頁。
56――『アミナ回想記』二二五―二二六頁。
57――『アミナ回想記』二二六頁。
58――『アミナ回想記』二二九―二三〇頁。
59――『アミナ回想記』二二七―二二八頁。
60――『アミナ回想記』二三〇頁。
61――『アミナ回想記』二三一―二三三頁。
62――『アミナ回想記』二三一―二三三、二三五頁。
63――倉沢愛子『戦後日本=インドネシア関係史』草思社、二〇一一年、三〇頁。前掲『日本占領期インドネシア研究』二二〇―二二一頁。

64――「本国の独立達成に気勢」「朝日新聞」一九四五年一一月五日、月曜日。
65――「ジャワ情勢再び悪化か」「読売報知」一九四五年一一月五日、月曜日。
66――首藤もと子『インドネシア――ナショナリズム変容の政治過程』勁草書房、一九九三年、五五―五六頁。前掲『インドネシアの事典』四二八―四二九頁。
67――前掲『インドネシア』三八―三九頁。
68――永井重信『栄光の独立と国難への挑戦』樹と匠社、二〇一一年、七九頁。
69――前掲『栄光の独立と国難への挑戦』七九―九三頁。
70――「ジャワ情勢再び悪化か」「読売報知」一九四五年一一月五日、月曜日。
71――前掲『戦後日本＝インドネシア関係史』三一―三二頁。
72――前掲『戦後日本＝インドネシア関係史』三六頁。なお同書（四一四頁）で著者は、ウスマンが留学したのは「一九三二年」、帰国したのは「開戦直前」、戦争中に「国際文化振興会」に招かれて来日したとするが、正しくはそれぞれ「一九三三年」、「一九三六年」、「内閣情報局」である。
73――前掲『日本占領期インドネシア研究』二二二頁。
74――『ガウス回想録』一〇一―一〇二頁。
75――『ガウス回想録』一〇四頁。
76――篠崎護『シンガポール占領秘録――戦争とその人間像』原書房、一九七六年、一五五、一五七頁。
77――前掲『シンガポール占領秘録』一五五―一六〇頁。
78――『ガウス回想録』一〇一―一〇六頁。
79――『ガウス回想録』一一二頁。
80――『ガウス回想録』一一二頁。
81――『ガウス回想録』一一四頁。
82――『ガウス回想録』一一四頁。
83――『ガウス回想録』一一五頁。
84――『ガウス回想録』一頁。

終章

建国の陰で——国際交流、そして独立のゆくえ

話を終戦後のウスマンに戻そう。

一九三九年に「ミナンカバウ原住民サッカー協会」を創設し、親善試合を開催したことからわかるように、ウスマンはサッカー愛好家だった。[1]

サッカーの起源は古く、発祥地についてはイングランド、古代中国、ギリシャ、ローマなど諸説ある。当初は儀礼と結びつき、手も使えるなど、ルールも様々だった。ルールが統一されて、近代的なスポーツとなるのは、一八六三年のことである。この年にイングランドサッカー協会が設立されると、私たちが現在知るサッカーが、大英帝国の影響力の大きさに比例するように世界中に拡散していった。その意味で、イングランドを「サッカーの母国」とするのは正しい。イギリスでは一八七四年の段階で、すでに興行としての試合が行われている。当初、サッカーは上流階級のものであったが、次第に中流、労働者階級へと浸透していった。マンチェスター・ユナイテッドやアーセナルなど、現在のプレミア・リーグに参加するクラブの多くが設立されたのも、一八七〇年代から九〇年代にかけてである。そして一九〇〇年以降になると、三二年を除いてオリンピック競技となった。[2]

一九〇四年には国際サッカー連盟（ＦＩＦＡ）が設立される。原加盟国はオランダ、スイス、スウェーデン、スペイン、デンマーク、フランス、ベルギーの七カ国であった。イギリスはサッカーの母国としてのプライドと、サッカーの競技規則を定める国際評議会（ＩＦＡＢ）の権限をＦＩＦＡに奪われることを危惧して、当初、参加していなかった。ＦＩＦＡはフランスの主導で組織化が進み、現在では二〇五の国と地域が加盟しており、数の上では国際連合を上回っている。[3]

インドネシアと近代サッカー

オランダ領東インドに相当する地域に近代サッカーが伝来したのは、一八九三年のこととされる。宗主国のオランダがバタビアに、バタビア・クリケット・フットボールクラブ「ロート・ウィット」を設立した。一九一九年にはジャワの各都市でサッカーチームがつくられ、都市間対抗戦が行われるようになり、オランダ領東インドサッカー協会（NIVB）が設立された。ほどなくしてサッカーは、華僑やアラブ人社会にも広がった。しかし、オランダ人、華僑中心のNIVBに対する不満から、現地人のみのインドネシア・サッカー協会（PSSI）が三〇年に設立され、翌年から全国的なアマチュア・リーグがスタートした。三五年には、NIVB内の対立からオランダ領東インドサッカー連盟（NIVU）が設立され、これを契機にNIVBは衰退した。NIVUは外島[★1]のサッカー協会も加えてその規模を拡大し、FIFAにも加入する。ちなみに、パダンのサッカー協会（VPO）がNIVUに加入したのは、三六年のことである。[4]

こうして宗主国オランダの影響を受けて、インドネシアのサッカーは発展した。日本との戦績

★1 **外島** ジャワ島以外の島々のこと。インドネシアは世界最多の群島国家であるが、人口はジャワ島に集中している。

をみると、オランダ領東インドがいかに強かったかがわかる。
実は日本は、一九三四年にマニラで開催された第一〇回極東選手権大会で、オランダ人、華僑、現地人の選抜混成チームのオランダ領東インドに個の能力とスピードで圧倒され、一対七の大差で敗れている。[5] 五四年には三対五で、六一年には〇対二で負けており、インドネシアにはじめて勝利をおさめるのは七〇年になってからである。現在の日本代表の活躍を知る世代からすると意外であろう。
一九三八年のフランス・ワールドカップの予選でオランダ領東インドは日本と同じ組になったが、日中戦争の激化のために日本が棄権したことで、アジア地域からはオランダ領東インドのみの参加となった。アジア勢としては初のワールドカップ出場だったが、一次予選でハンガリーに〇対六で大敗している。[6]
その後、一九四二年から三年半続いた日本占領期にPSSIとNIVUは日本軍によって活動を停止させられ、「タイイクカイ（体育会）」にとってかわられた。日本軍はサッカーを大衆動員のために政治的に利用しようとし、これがインドネシアにサッカーが根づく一因ともなった。タイイクカイを受け継いで四七年に誕生したインドネシア・スポーツ連盟（PORI）は、翌年に第一回国民体育大会（PON）を開催している。[7]

ア式蹴球の普及

他方で、山梨県では大正末期に、現在のサッカーにあたるア式蹴球が普及しはじめ、山梨日日新聞社や山梨高等工業などが主催・後援する大会が行われていた。山梨県で最初にア式蹴球をはじめたのは山梨師範学校で、一九一三年に埼玉師範学校と試合を行ったという記録がある。三六年には山梨師範蹴球部が発足し、これに続いて、韮崎中、甲府中、甲府商、都留中、谷村工商が蹴球部を発足させた。[8]

当時の試合の様子について『山梨県体育史』は、「選手として柔道部や剣道部の猛者を集めて参加し、サッカーシューズもないので『地下たび』選手も見られ、試合中も『蹴上げろ』、『つっこめ』など荒い怒声がひっきりなしに聞こえ、相手選手をだきかかえたり、つきとばしたり、特にゴールキーパーをボールと一緒にゴールへ押し込んで一点になり、まったく今考えてみるとひどい試合であった[9]」と回顧している。

一九二七年、県下初のサッカー大会「第一回県下ア式大会」が山梨日日新聞社主催で開かれ、八チームが参加し、山梨高等工業が優勝した。翌年の第二回大会では、昨年三戦全敗だった韮崎中が栄冠に輝いた。三二年から三六年頃にかけて韮崎中は第一期黄金時代を迎え、県内には敵《かな》う学校もなく、その名は全国に轟いた。[10]

韮崎中の躍進の原動力は、体育教師の岩崎鋭市郎が監督として赴任したことにあった。日本体育大学を卒業したばかりの青年で、身長一七五センチの堂々たる体格だった。剣道五段の腕前を見込んだ初代校長の堀内文吉が、「ここは一年中風が強くテニスなどの競技は駄目だからサッカーを校技とするので、よろしく頼む」と岩崎に蹴球部の指導を託した。「八ケ岳おろしの吹きすさぶグランドに仁王立ちしたその勇姿と、激しくするどい怒声は、真に嵐（あらし）のニックネームそのものであった。山梨県の古いサッカーマンで彼の名を知らぬものはあっても、『嵐』の名を知らぬ者はな」かったという。[11]

岩崎の熱血指導の甲斐もあって、韮崎中は一九二八年の「県下ア式大会」で初優勝を遂げる。翌年の県大会も優勝し、三五年に明治神宮で行われた全国関東中等学校蹴球大会でも優勝し、関東チャンピオンに輝いた。この年と翌年の二度にわたって、甲子園で開催された全国中等学校蹴球選手権大会に出場し、三六年の大会で準優勝を果たす。韮崎町出身の甲州財閥・小林一三《いちぞう》★2は、この活躍を受けて一〇〇〇円を寄付している。[12]小林は、四〇年九月から翌年六月にかけて日本とオランダ領東インド政府間で行われた通商交渉である第二次日蘭会商に際して、日本政府代表を務めた人物でもあった。

韮崎中の活躍を受けて、「打倒韮中」を掲げた甲府中や甲府商業が台頭し、切磋琢磨した。しかし開戦を受け、一九四二年の明治神宮県予選兼第一三回県下中等学校大会を最後に中断され、中学生たちは学徒動員で軍需工場へと駆り出されてしまう。[13]

敗戦後、岩崎監督によって再建された韮崎中蹴球部は、山梨県蹴球協会が一九四六年九月に開催した第一回「蹴球復活祭」、同年一一月の近県中学大会で、それぞれ優勝した。さらに一二月に発足した県協会の中学校リーグも制し、県下のサッカー復活の先陣を切った。[14]

ところが韮崎中は、一九四七年九月の近県中学招待大会で神奈川の雄・湘南中に敗北。一〇月の全国中学蹴球選手権大会県予選では決勝で宿敵の甲府中に敗れてしまう。他方、初の本大会出場の切符を手にした甲府中は、大阪の明星中、愛知の刈谷中を破り、ベスト4入りという躍進を遂げる。[15]

三国対抗親善サッカー大会

この甲府中の快挙によって、県協会は強化対策に乗り出す。そして一九四七年一一月に甲府・飯田野球場で、在日インドネシア人、朝鮮民主青年同盟（在日朝鮮人の左派系青年組織）、山梨県蹴球協会の共催で開かれたのが、全山梨チーム（韮崎中ＯＢが設立した韮葉クラブが中心）、インドネシア人留学生、在日朝鮮人が参加する第一回三国対抗親善サッカー大会であった。[16]

『山梨県体育史』は、「インドネシア、朝鮮チームの招へいについては、当時甲府市に在住したインドネシアの実業家ウスマン、塩山市在住の金らが尽力された」[17]と特記している。

この親善試合について、ウスマンは元ジャカルタ特別市長の吉江勝保《かつやす》知事、[★3]全山梨チームの原

★2　小林一三（一八七三―一九五七）　山梨県韮崎市出身の実業家で、阪急・東宝グループの創業者。慶應義塾大学卒業後、三井銀行入社。関西の箕面有馬電気軌道の株式引き受けに関与したことから、同鉄道の経営者として頭角を現す。沿線の住宅開発などで私鉄の多角経営に先鞭をつけた。宝塚歌劇団（宝塚少女歌劇）を設立したことでも知られる。第二次近衛内閣の商工大臣。

一造（後に山梨県サッカー協会第六代会長）と協議したという。

インドネシアチームは大阪、京都、東京、千葉、九州などから集まった学生たちで構成され、関西からはウトロ・スカトンとウトヨ・スカトンの兄弟のほか、ブディアルジョ、スジャルウォコ、スジョノ、オマール・バラク、イスマイル・アンボンが参加した。ゴールキーパーのタリプシャは千葉から、ノルマン・ノルは九州からやってきた。ウトロ・スカトンは日本で造船技師になり、その後、インドネシアで造船会社の社長になった。ウトヨ・スカトンは医学生で、後にインドネシア大学医学部教授を経て、ジャカルタのペルニ病院長になった。ノルマン・ノルはミナンカバウのダレック村の村長の息子で、九州の繊維学校を卒業後、鐘淵紡績会社で働き、帰国後にハジ・ラティフの所有するパダン腰布織物会社社長に就任。その後、ジャワに移って政府系繊維会社の社長になった[18]。

この親善試合に際してウスマンは、選手の行き帰りの電車賃を負担した。山梨県側は競技会場と食事を手配した。選手たちは甲府に滞在中、ゲストハウスで寝泊まりした。試合当日、東京の寮から大勢の応援団が駆け付け、盛り上げた。全山梨チームとの試合は、最初は互角だったが、終了前にインドネシア側がゴールを決め、一対〇でインドネシアチームが勝利した。この出来事は、日本とインドネシア親善の最初の一歩となった[19]。

大会の様子について、山梨県サッカー関係者は、つぎのように振り返っている。

グラウンドはサッカーファンで埋まった。見事な足技をみせるインドネシア、エネルギッシュな動きと強い当たりの朝鮮チームのプレーにファンはひきつけられた。[20]

その後、中華民国を加えた四国対抗親善サッカー大会も開催され、国際親善は深まった。[21] 前出の原一造は、こうした活動を通じて「近都県大会（七チーム参加）、ＹＣＡＣ（横浜外人クラブ）、インドネシア留学生チーム、在日朝鮮人チームなどと積極的に交流を図るようになり、世界の技術を得た[22]」と振り返っている。

連合国に占領され、日本とアジア諸国との国交が閉ざされていたこの時期に、スポーツを通じてこのような交流が行われたことには、一九五二年のサンフランシスコ講和によって日本が独立を回復したときに直面することとなったアジア復帰という課題に、先んじて取り組むという意義があった。

詳細は不明だが、一九五三年には静岡県藤枝で、地元で結成された志太サッカークラブとインドネシアのサッカーチームとの間で親善試合が行われたとの記録もある。[23]

その頃、スカルノが大統領を務めるインドネシア本国では、インドネシア代表チームが国際舞

★3 **吉江勝保**（一九〇〇―七〇）京都市出身。東京大学法学部英法学科卒業後、内務省に入省。四三年からジャカルタ特別市長、敗戦時には官選の山梨県知事。戦後初の民選知事、国会議員を歴任。五八年には日本とインドネシアの平和条約調印のため、藤山愛一郎外務大臣の顧問としてインドネシアに渡った。

台で活躍し、黄金期を迎える。「極東ツアー」と銘打たれた一九五三年の遠征では、当時アジア最強といわれた香港に勝利し、五六年のメルボルンオリンピックでは、サッカー強国ソ連と二時間にわたる激闘の末に引き分けとなり、見事、八強入りを果たしている。[24]

「インドトラ」の創立

ウスマン一家に話を戻そう。新居に移った後の一九五〇年頃、岩田愛之助[★4]が来訪した。ウスマン、露子、岩田は思い出話に花を咲かせた。岩田は「今でもインドネシアに行きたい」との思いを抱いていた。興亜協会の卒業生の多くが、インドネシア独立戦争に参加していたからだ。[25]

その思いはウスマンも同じだった。しかしインドネシアへの帰国は、オランダがまだこの地の権力を握っているとの理由で、日本政府に認められなかった。そればかりか、敗戦から一年の間は東京に行くこともままならなかった。一年が経ち、ようやく自由に行き来できるようになると、ウスマンは何度も上京し、事業を興す機会をうかがった。[26]

一九四七年にウスマンは、日綿実業の援助を受けて、「インドネシアン・トレーディング・カンパニー」、略して「インドトラ」を創立した。三越デパート近くの日本橋室町の日綿実業内に事務所をもうけ、インドネシアから樹液、砂糖、煙草、香辛料などを輸入し、日本からは織物を輸出した。インドネシアの取引相手はラフマン・タミンだった。貿易業で財をなした彼は、大企業グループを形成していた。インドネシアからの帰国を余儀なくされた、英語が得意な日本人のほか、マネージャーとして、中スマトラのリアウの農園で働いていた、インドネシア語が得意な慶應義塾大学出のスギヤマを、ウスマンは雇った。[27]

一九五〇年代のインドネシア人留学生たちが、日本とインドネシアの通商関係にどのような役割を果たしたかは未解明の課題である。[28] 前出のインドトラは、その謎を解く鍵となる。

一九四九年一二月にインドネシアがオランダから主権を移譲されたことを受けて、東京に駐日インドネシア政府代表部が開設されることになった。しかし新生インドネシア政府はすぐには代表を送れず、オランダ軍事使節団が業務を代行した。このとき、インドネシア政府が在日インドネシア留学生会に代行させなかったのは注目に値する。その後、インドネシア政府は政府代表部開設のため、外務省から元南方特別留学生のモハマッド・シャリフ、経済省から初期留学生のアダム・バソリを派遣した。また、南方特別留学生で

愛国社の創設者・岩田愛之助［1937年］
写真提供：朝日新聞社

★4　**岩田愛之助**（一八九〇—一九五〇）兵庫県出身の右翼運動家。辛亥革命時に革命軍に参加。帰国後、外務省政務局長の阿部守太郎暗殺事件に連座し、無期懲役。恩赦で仮出所し、北一輝らと交流。一九二八年、東京で政治結社・愛国社を立ち上げ、大陸積極政策を唱える。その後、数々の右翼団体を創設。四一年、南方要員を養成するための教育機関・興亜協会を、陸軍中将の菊池武夫らとともに設立。戦後は公職追放された。

日本に残っていたムハディを現地スタッフとして採用し、その他の留学生の助けも借りて、リーダーズ・ダイジェスト社のビル内に事務所を開設した。[29]

一九五一年五月、戦前に東京外国語学校のマレー語教師だったラデン・スジョノが駐日インドネシア政府代表部の初代大使として着任した。スジョノは、個人的に通商関係の業務を補佐していたオランダ商工会議所のメイナーレンズの自宅を官邸とし、リーダーズ・ダイジェスト社のビル内のオフィスで執務をとった。その後、品川区東五反田の池田山に土地を見つけ、政府代表部は移転した。[30] 第一章で触れたように、スジョノは戦前、ウスマンと交流があった。彼は争いごとが嫌いな温厚で優しい人物だった。ウスマンは自ら車のハンドルを握り、土地探しを手伝った。[31]

七年越しで実現した帰国

気がつけばウスマンの日本滞在は七年に及んでいた。そのうち五年近くは、東京に行く以外は甲府に留め置かれた。オランダのハーグで、オランダとインドネシアの間でインドネシア連邦共和国の樹立を承認する協定が結ばれたのは一九四九年。翌年、西ニューギニアを除くオランダ領東インドの全域が、単一の共和国に統合される。ウスマンのインドネシアへの帰国が日本政府に認められたのは、まさにその年のことであった。[32]

ウスマンの帰国がこれほどまでに時間がかかったのには、オランダ側の警戒心も影響していたようだ。その証拠に、バタビアの検察庁部長から入管局宛に書かれた一九四七年一月二八日付の手紙では、多くの在日インドネシア人に帰国許可を出す方針を述べる一方で、「特別なケースとして、スマトラへの帰還を望んでいるマジッド・ウスマンという人物に関しては帰国を許す前にまず尋問する必要[33]」があると記されている。

一九五〇年八月一七日、ジャカルタの独立宮殿で開かれる独立記念式典に出席するため、ウスマンは帰国することにした。その準備として、彼は京都からティー・ディナーセット、インドネシアの国章の綿織物を取り寄せた。ウスマンが帰国することを知った長田瑛は、スカルノへの手土産として太刀を渡した。このとき長田は、刀の鑑定士として全国各地をジープで回っていた。しかしその刀は羽田空港で米軍に没収されそうになったので、見送りに来ていたインドネシア人学生に託し、のちに長田の下に戻ってきた。[34]

一九五〇年八月中旬、羽田を発ったウスマンはクマヨラン飛行場に降り立った。ウスマンと同じく第五回独立記念式典に参加したクマル・イドリスは、ウスマンがとても感激しているようにみえたと述懐している。ウスマンはそのままジャカルタに一カ月滞在し、九月に日本に戻った。[35]

ウスマンが日本に戻ると、ようやく家族にも移住の許可が下りた。家族帯同に備えてウスマンはインドネシアに再渡航し、住む家を探した。しかしその前に、彼は長男を米国の中学校に進学させることにした。[36]日本が戦争に敗れた今、アメリカで学んだ方が将来に役立つと考えた。従弟がニューヨークのインドネシア大使館に一九五二年に派遣されると、彼に頼んで長男の進学先を探してもらった。こうして、この年九月に一四歳の長男は渡米した。[37]

一九五二年一二月、ウスマンは冬休みを利用して、長女、次男とともにパダンに一時帰郷した。[38]五三年三月、ウスマンの母が他界した。どのような心境の変化があったのかは定かでないが、母の死を受けて、ウスマンはパダンには戻らず、ジャカルタに住むことを決心する。甲府の中学で学んでいた長女は長田家に預けることにし、露子、次男、次女の四人で移住することにした。[39]

一九五三年一二月頃、一家はジャカルタに到着した。数週間の間、ジャカルタ中心部の高級住宅街メンテン地区のボナン通りにあるクマル・イドリスの家で世話になった。その後、ウスマンはクバヨラン・バルのビンタラ通り四七番に家を購入した。広くて大きな家だった。ウスマンは大統領宮殿の芸能（伝統演劇のワヤンなど）鑑賞会に出席するなど、多忙を極めた。彼には多くの友人がいて、仲間をつくるのが得意だった。[40]

新聞の創刊、そして死の訪れ

ジャカルタに来てから約一年後、ウスマンは「プランタラアン・キタ」紙を創刊した。週二回の発行だった。一九五五年の第一回総選挙を見据え、インドネシア社会党（ＰＳＩ）を支持していたウスマンは、国民党を支持基盤とするスカルノとその政府の政策を紙上で批判した。支持政党の違いから、スカルノと対立することになったウスマンは、スタン・シャフリルの兄と知り合い、インドネシア社会党に入党した。ウスマンは同党の候補者として総選挙に出馬する準備をしていた。彼は政治活動に傾倒していた。一方で露子は家庭に専念し、政治活動には関与しなかった。[41]

一九五五年四月、第一回アジア・アフリカ会議が、スカルノ大統領の「新しいアジア・アフリカ、生まれ出でよ」との宣言で幕を開けた。バンドゥンで開催されたことから、バンドゥン会議とも呼ばれるこの会議には二九カ国が参加した。一部列強に収奪・支配されてきたアジア地域が、国際政治の主体として「誕生」した画期的な出来事であった。この会議は、新興の独立国が結集することで、押し寄せる冷戦と植民地主義の脅威から身を守ろうとする構想が具現化したものであり、アジア・アフリカという共通の価値を見出すという意義があった。だが実際には、共産中国の周恩来の目の前で、反共の国々が「共産主義下の植民地主義」への批判を行い、東西冷戦の構図をそのまま持ち込んだような対立があった。これが戦後の国際政治のデビュー戦となった戦後日本は、「アジア復帰の絶好の機会」とするか、「反共最大の大物」として立ち回るかで揺れた。前者は「対米自主」、後者は「対米協調」の立場を反映しており、欧米かアジアかという難題に直面した日本外交は、経済によって日本とアジアを架橋するという独自路線を目指した。[42]

バンドゥン会議の熱気冷めやらぬ一九五五年五月二五日、断食明けの翌日の昼のこと、ウスマンはイドゥル・フィトリ（断食明け大祭）のお祝いに訪れた大勢の人に囲まれ、「元気で嬉しそうだ」と言われていた。[43]

その日、いつものように彼は次男とともに部屋で就寝した。夜半、露子はウスマンの咳き込む声で目を覚ました。心配して部屋を覗くと、彼はまだ咳き込んでおり、何度かして、止んだ。ウスマンは静かになり、やがて動かなくなった。露子はウスマンの目が開いているのをみて驚いた。よく彼は、次男に向かって、死んだふりをしてふざけていたので、「ふざけないで」と声をかけた。しかし近づいてみると脈はなく、息もしていない。パニックになり、近所に住むウスマンの弟をすぐに呼んだ。弟は医者を連れて駆けつけた。ウスマンを診察した医者は、心臓発作で息を引き取っていると宣告した。ほどなくしてクマル・イドリスも駆けつけた。[44]

ウスマンが亡くなったのは夜半過ぎだったので、ちょうど彼の四八回目の誕生日に天に召されたことになる。ジャカルタ、パダンから家族が集まり、亡骸《なきがら》はジャカルタ中央のカレット墓地に埋葬された。[45]

独裁の時代へ

一九五五年九月末、一九五〇年暫定憲法のもとで、インドネシア初の総選挙が行われた。

この総選挙では比例代表制が採用され、候補者名簿は非拘束式が用いられたが、全国政党にとどまらず、地方政党、大衆組織、社会団体、個人の資格での立候補まで認められ、選挙に参加した政党・団体等は一七八以上にのぼった。選挙区は州または複数の州を単位とし、全国を一六の選挙区に分けた。議席配分は、選挙区における有効投票総数を議員定数で割って当選者が当選に必要な票数（当選基数）を算出し、各党の総得票数に対して当選基数ごとに一議席を与えていく方法がとられた。投票は大きな混乱や衝突もなく平穏裡のうちに終わり、投票率は九一・五パーセントにのぼった。[46]

世界最多のムスリム人口を抱えるだけにイスラーム系政党の優位が予想されたが、選挙結果をみると、過半数を占める政党は現れず、イデオロギーの異なる四つの政党がほぼ同じ得票率で並んだ。

第一党は、八四三万四六五三票（得票率二二・三パーセント）を獲得した世俗主義系のインドネシア国民党（ＰＮＩ）。第二党は、七九〇万三八八六票（二〇・九パーセント）を獲得した、近代主義イスラームを標榜するマシュミ。第三党は、六九五万五一四一票（一八・四パーセント）を獲得した、伝統主義イスラームを標榜するナフダトゥル・ウラマ党（ＰＮＵ）。第四党は、六一七万六九一四票（一六・四パーセント）を獲得したインドネシア共産党（ＰＫＩ）。第五党以下にはインドネシア・イスラム連盟党、インドネシア・キリスト教徒党、カトリック党といった宗教政党が続き、都市中間層などを支持基盤とする進歩主義系政党のインドネシア社会党（ＰＳＩ）の得票数は七五万三一九一票（二パーセント）で、第八党に終わった。[47]

しかし、一九五〇年代の政党政治と議会制民主主義は、実のところジャカルタを中心とする数百人の政治エリート間の競争に過ぎなかった。そのことは、五一年末の新聞発行部数が五一万部にとどまっていたことからも推測できる。日常的に政治に関心をもつのは主に都市部の住民に限られており、その数は一〇〇万人から一五〇万人程度でしかなかった。当時のインドネシアの総人口は八〇〇〇万人。その大多数は、新聞を読むことも雑誌を読むこともなく、頻繁に変化する各党の勢力図を正確に把握していたとは思えない。[48]むしろ選挙運動を通じて、政党間の対立関係が地域社会に持ち込まれていった。[49]

国政選挙の得票数を地域別にみると、ジャワで国民党、共産党、ナフダトゥル・ウラマ党が票を集めたのに対し、マシュミは支持基盤であるスマトラで圧倒的な強さをみせた。選挙は数の勝負である。資源に恵まれ、外貨を稼ぐことができる外島は、人口が多いジャワには勝てず、自分たちが獲得した富をジャワのためばかりに消費されたのである。[50]

その帰結が、一九五八年に起きた外島の反乱だった。

このとき、マシュミがハッタ内閣の結成を呼びかけ、政党の力に頼ったのに対し、政党の役割を否定するスカルノは、挙国一致内閣と国民評議会を提案した。遂には容共政策をとるスカルノに反対する外島の政治家、地方師団長が立ち上がり、プルメスタ（全国民闘争）と呼ばれる地方反乱に発展した。同年二月一五日、バンテン協議会のアフマッド・フセイン中佐は、パダンでシャフルディン・プラウィラヌガラを首班とするインドネシア暫定革命政府（ＰＲＲＩ）の樹立を宣言。同年四月にパダンを占領した政府軍は、年末までに軍事的勝利を宣言。その結果、ハッタとマシュミは退潮し、スカルノ大統領とナスティオン陸軍参謀長が権力を掌握した。スカルノはナスティオンの提言を受けて、一九五九年七月五日に議会を解散し、一九四五年憲法への復帰を宣言した。[51]

こうしてインドネシアの民主主義は死に、独裁の時代が幕を開けた。

初代大統領スカルノと第二代大統領スハルトによる長い独裁の末に、インドネシアに民主化の黎明が訪れるのは、それから三九年後のことであった。

結びに代えて

今世紀に入って、「ハードパワー」、「ソフトパワー」の両面にわたって米国の影響力は陰りをみせはじめているようである。かわって中国、インド、インドネシアといった、アジアの人口大国の存在感が強まるなか、戦後長らく対米協調を旨としてきた日本人のアジアへの関心が高まっているかというと、そうとも言い切れない。

東アジア諸国との歴史認識問題は、日本人にアジア回帰を促すよりも、幕末以来の欧米志向に向かわせているようである。

問題は、日本とアジアの近現代史を、「親日」と「反日」、「被害」と「加害」、「善」と「悪」というように二項対立的に捉える認識の仕方にある。だが、日本が戦争と植民地支配を行うにあたっては、ウスマンやガウスのような多数の「協力者」の存在が不可欠だった。彼らのような「あいだ」に入った存在を忘却したまま、いくら歴史和解について議論をしても虚しいのではないだろうか。

他方で、国内事情に目を転じると、近年ベトナムからの人の移動が急増していることに気づかされる。在日コリアン、中国帰国者、インドシナ難民といった「オールドタイマー」に対して、新規参入組である彼らは、劣悪な就労環境に置かれることも少なくない。それを「現代の奴隷労働」と形容し、来日前は「親日」であった人びとも、帰国する頃には「反日」になってしまうのではと警鐘を鳴らす向きもある。

こうした現状を知ってか知らずか、二〇一九年の入管法改正を踏まえ、令和元年は「移民元年」との声もある。しかし日本政府は永住目的での「移民」を否認し、私たちのアジア認識は当時とさほど変わっていないようにみえる。とするならば、現在の状況はゼロからの「開国」ではなく、「四つの口」で部分的に開かれていた「鎖国」、「兄」である日本が、アジアの「弟」たちを指導する形での「共生」を目指した「大東亜共栄圏」の延長線上に位置づけられるのではないか。

本書は、このような問題意識から生まれたものである。

具体的には、インドネシア独立の志士である二人が、留学、対日協力、独立闘争を通じて成長する過程を検証することで、一九三〇年代半ばから五〇年代半ばにかけての、帝国日本から戦後日本への歩みと、脱植民地化を経て国民国家建設へと向かう近代インドネシアの歴史を、「下から」浮かび上がらせることを試みた。

そこで中心となった一人が、明治大学で経済学を学んだアブドゥル・マジッド・ウスマン（一九〇七―五五）であり、もう一人が、東京慈恵会医科大学で医学を学んだモハマッド・マフユディン・ガウス（一九一〇―九一）であった。二人とも同じスマトラ島のミナンカバウ族だった。

本書を通じて明らかにしたように、同じ船と汽車で一九三三年に帝都にやって来た二人は、大アジア主義を学び、ウスマンは日本人との大恋愛の果てに、ガウスは父親の病気とヨーロッパの情勢の悪化によって離日し、それぞれ祖国独立のために闘った。

二人の独立の志士の足跡から、近現代日本とアジアの秘史を浮かび上がらせるこの試みは、一九三〇年代から五〇年代をつなぐ「知識人の貫戦史」[★5]（52）であり、研究史上は、近代日本におけるアジア留学生受け入れに関する研究と、日本の大アジア主義とアジアの民族主義運動の関係性、あるいは対日協力と抵抗に関する研究の系譜に連なる。

前者については、これまで中国人留学生に関する研究が主流を占め、他のアジア圏からの留学生についての研究は手薄であった。なかでも、朝鮮人・台湾人留学生についての研究に比して、東南アジアからの留学生に関する研究は立ち遅れてきた。[★6]この領域の研究を豊かなものとする上で、本書が多少なりとも資するところがあればと思う。

後者について言えば、近年の研究では、二〇世紀アジアの対日協力政権をマクロ的な観点から

★5 **貫戦史** アメリカの歴史家アンドルー・ゴードンが提唱した時代区分。一九六〇年代の「戦後」は戦時期の延長線上に形成されたとみる。

★6 日本の留学生史研究は、実藤恵秀、阿部洋、大里浩秋、孫安石ら中国史研究者たちが担ってきた。当初は清朝末期から辛亥革命期を扱っていたが、近年は研究対象、対象時期、研究分野に広がりがみられ、留学生が修学した学問分野に焦点をあてたものや、受け入れ大学別の研究などが進められている。他方で、中国や台湾でも多数の研究がある。

進める研究と、対日協力の大物たちの個別研究とが、それぞれ進んでいる。それによって、フィリピンのラウレル、ビルマのバモウ、インドのチャンドラ・ボースら指導者たちが、協力と抵抗のはざまで揺らぎながら、大東亜会議の場で「自主独立」外交を展開した能動的な存在であったことが実証されている。[53] 本書はこの後者の個別研究を意識し、今日では無名に近い積極的対日協力者ですら、日本のやり方に抵抗する場面があったこと、また外国にいても祖国独立のために奮闘していたことを示した。

昨年、日本とインドネシアは国交樹立六〇周年を迎えた。長年の文化交流によって、近年は日本の「ソフトパワー」に魅かれてやってくる留学生が多いと聞く。それは称賛されることではあれ、非難されることではまったくない。ただ、反知性主義が跋扈し、「ハードパワー」が見え隠れし、日本の留学生政策が国際貢献から日本定着へと向かう転換期にあっては、インドネシア人留学生のはじまりの物語に立ち返ってみることも必要ではないだろうか。

1――『アミナ回想記』九二―九三頁。「ヤマナシQUEST　インドネシアにささげた一〇〇年」NHK甲府放送局、二〇一四年一一月七日放送。
2――楠田健太「コロニアルから鏡像へ――地方から見たインドネシア・フットボール史序説」『アジア・アフリカ地域研究』第六号、京都大学大学院アジア・アフリカ地域研究研究科、二〇〇六年、五〇―五一頁。
3――前掲「コロニアルから鏡像へ」五一頁。
4――前掲「コロニアルから鏡像へ」五一―五二頁。
5――後藤健生『日本サッカー史――日本代表の九〇年』双葉社、二〇〇七年、五五頁。

6――前掲「コロニアルから鏡像へ」五二頁。
7――前掲「コロニアルから鏡像へ」五二―五四頁。
8――山梨県体育史編纂委員会編『山梨県体育史』第二巻、財団法人山梨県体育協会、一九八九年、七三頁。「山梨のサッカー」編集委員会『山梨のサッカー――過去・現在・未来をつなぐパス』山梨日日新聞社、二〇〇五年、一四―一五頁。
9――前掲『山梨県体育史』第二巻、七三頁。
10――前掲『山梨県体育史』七三頁、前掲『山梨のサッカー』一九頁。
11――前掲『山梨県体育史』第二巻、七三―七四頁。前掲『山梨のサッカー』一六―一八頁。
12――前掲『山梨県体育史』第二巻、七四―七五頁。
13――前掲『山梨県体育史』第二巻、七五頁。前掲『山梨のサッカー』二三―二五頁。
14――岩田利男編『山梨県サッカー五〇年のあゆみ』山梨県サッカー協会、一九九〇年、六三頁。前掲『山梨のサッカー』二五―二九頁。
15――前掲『山梨県サッカー五〇年のあゆみ』六三―六四頁。
16――前掲『山梨県サッカー五〇年のあゆみ』六四頁。
17――前掲『山梨県体育史』第二巻、七六頁。
18――『アミナ回想記』二三五―二三六頁。
19――『アミナ回想記』二三七頁。
20――前掲『山梨県サッカー五〇年のあゆみ』六四頁。
21――前掲『山梨県サッカー五〇年のあゆみ』六四頁。
22――前掲『山梨県サッカー五〇年のあゆみ』一〇―一一頁。
23――静岡県藤枝市ホームページ「藤枝サッカー史 1924-1960」(https://www.city.fujieda.shizuoka.jp/soccer/digital_museum/1449762440038.html：二〇一九年六月二日検索)。
24――前掲「コロニアルから鏡像へ」五四―五五頁。
25――『アミナ回想記』五〇、二二八―二二九頁。
26――『アミナ回想記』二三三頁。

27――『アミナ回想記』二三三―二三五頁。
28――前掲『戦後日本＝インドネシア関係史』一二七―一三一頁。
29――前掲『戦後日本＝インドネシア関係史』一一一―一一二頁。
30――前掲『戦後日本＝インドネシア関係史』一一三頁。
31――『アミナ回想記』二三七―二三八頁。
32――『アミナ回想記』二四〇頁。
33――前掲『戦後日本＝インドネシア関係史』四一四頁。
34――『アミナ回想記』二四〇―二四二頁。
35――『アミナ回想記』二四三頁。
36――『アミナ回想記』二四三―二四四頁。
37――『アミナ回想記』二四四―二四五頁。
38――『アミナ回想記』二四六頁。
39――『アミナ回想記』二四六頁。
40――『アミナ回想記』二四六―二四七頁。
41――『アミナ回想記』二四七―二四八頁。
42――宮城大蔵『増補　海洋国家日本の戦後史――アジア変貌の軌跡を読み解く』筑摩書房、二〇一七年、二三一―六二頁。
43――『アミナ回想記』二四九―二五〇頁。
44――『アミナ回想記』二四九頁。
45――『アミナ回想記』二四九―二五〇頁。
46――川村晃一「インドネシアと選挙・投票行動研究」近藤則夫編『アジア開発途上諸国における選挙と民主主義』調査報告書、第五章、アジア経済研究所、二〇〇七年、一〇二―一〇三頁。
47――Herbert Feith. *The decline of constitutional democracy in Indonesia*. Ithaca, N.Y.: Cornell University Press.1962.pp.434-435.
48――首藤もと子『インドネシア――ナショナリズム変容の政治過程』勁草書房、一九九三年、一七一頁。
49――川村晃一「インドネシアと選挙・投票行動研究」近藤則夫編『アジア開発途上国における選挙と民主主義』調

査研究報告書、アジア経済研究所、二〇〇七年、一〇三―一〇四頁。
50――白石隆『スカルノとスハルト』岩波書店、一九九七年、七二頁。
51――前掲『スカルノとスハルト』七四―七七頁。後藤乾一・山崎功『スカルノ――インドネシア「建国の父」と日本』吉川弘文館、二〇〇一年、一七四―一七五頁。
52――前掲『帝国日本のアジア研究』一三一―一五頁。
53――愛知大学国際問題研究所編『対日協力政権とその周辺――自主・協力・抵抗』愛知大学国研叢書第四期第一冊、あるむ、二〇一七年。根本敬『抵抗と協力のはざま――近代ビルマ史のなかのイギリスと日本（戦争の経験を問う）』岩波書店、二〇一〇年。前掲『東南アジア占領と日本人』。前掲『大東亜共栄圏』。

あとがき

今年は第二次世界大戦勃発から、ちょうど八〇年目にあたる。

筆者がインドネシアをはじめて旅したのは二〇〇四年。そのときに出会ったのが、小野盛《さかり》さんだった。小野さんは、第二次世界大戦後も現地に残り、対オランダ独立戦争を戦った残留兵だった。

その壮絶な生き様に衝撃を受けた筆者は、小野さんが九四歳で大往生を遂げる二〇一四年までの間に、足繁く現地に通った。それと並行して、日本、インドネシア、オランダで、他の元残留兵七名を含め、多数の軍政関係者にお話を伺ったが、インタビューがいつも首尾よくいったわけではない。

なかでも筆者にとってほろ苦い思い出となっているのは、二〇〇六年、タンゲランでのアリフィン・ベイ氏、二〇〇九年、東ジャカルタでのフェンチェ・スムアル氏、そして二〇一〇年、南ジャカルタでの長田周子（改名前は露子）、サルミヤ・ウスマン親子へのインタビューである。

南方特別留学生だったベイ氏は広島のヒバクシャで、戦後は知日派知識人として活躍した。一九五〇年代後半の反政府運動・反乱の指導者のひとりだったスムアル元国軍中佐は、戦後コンサルタント会社の顧問をしていた。故アブドゥル・マジッド・ウスマン氏の元妻・長田周子氏と、その娘で医師のサルミヤ・ウスマン氏は、偶然にも筆者がホームステイをしていた残留兵の長男宅の近所に暮らしていた。

いま振り返ると、歴史の生き証人に直接話を伺う貴重な機会だった。しかし、当時二〇代の筆者には聞く力がなかった。三者三様にさまざまなお話をしてくださったものの、いずれのインタビューも失敗だったと、そのときは思っていた。

ところが、二〇一七年に現地で刊行された長田さんのインドネシア語回想記を読んだとき、あのインタビューの記憶が、そのときに抱いた違和感とともに鮮明に蘇ってきた。長田さんの回想は、きらりと光る詳細なエピソードがちりばめられている一方で、それらを結ぶストーリーは誇大妄想的で、にわかには信じられなかった。

そこで筆者は、回想記を和訳し、それを手がかりに国立国会図書館、外務省外交史料館、山梨県立図書館、大阪府立図書館、奈良県立図書情報館「戦争体験文庫」、靖国神社「靖国偕行文庫」、昭和館、明治大学史資料センターなどで文献調査を行い、改めて国内外でフィールドワークを試みた。

そうやって書き下ろされたのが本書である。その意味で、これは筆者の残留兵の足跡を辿る旅の副産物であるといえる。

ところで筆者の冒険は、小野さんの他界で、一つの区切りとなった。その年に博士学位請求論文を書き上げて、二〇一六年に博士号を取得した。また、二〇一五年に大阪の私大に赴任してからは、生活が研究から教育・校務中心へと大きく変わった。二〇一六年四月から二〇一八年九月の間には、「毎日新聞」夕刊文化面連載のコラムの執筆も担当した。

大阪ではベトナム元残留兵とその家族との新たな出会いが待っていた。「歴史戦」と「慰霊の旅」の影響もあって、近年、残留兵の評価は周縁者から、日本とベトナム、日本とインドネシア両国間の友好の象徴へと様変わりし、公的存在へと「格上げ」されている。

そこで次回作（といっても、草稿を書き上げたのはこちらが先だが）では、南方の残留兵と戦後日本の相関関係を明らかにしたい。そしてその後は、留学生史研究と残留日本兵研究を交わらせることで、日本軍山西残留問題という難問に挑戦できないかと考えている。

本書を書くにあたり、実に多くの方にお世話になった。紙幅の関係もありすべてのお名前を記すことはできないが、長田周子様、サルミヤ・ウスマン様との出会いがなければ、筆者は本書を書こうとすら思わなかったであろう。深謝申し上げたい。

また、小熊英二先生、外村大先生、渡辺利夫先生からは有意義な助言をいただいた。博論審査を引き受けてくださった主査の吉田裕先生、副査の中野聡先生、坂上康博先生にも、この場をお借りしてお礼申し上げたい。

こうしたテーマに関心を持ち、本書の編集を担当してくださったのは、筑摩選書の石島裕之編集長である。草稿を読んですぐに来阪くださり、企画はとんとん拍子に進んでいった。本書が多少なりとも読み易くなっているとすれば、石島氏の的確なご指摘のお陰である。

最後に、作業に没頭する筆者を温かく見守ってくれた妻に感謝の言葉を贈りたい。

林　英一

二〇一九年七月

林英一　はやし・えいいち

一九八四年生まれ。慶應義塾大学総合政策学部卒業。同大学院経済学研究科後期博士課程単位取得退学。博士（社会学）（一橋大学）。日本学術振興会特別研究員を経て、大阪経済法科大学教養部特別専任准教授。著書に『残留日本兵の真実』（作品社）、『東部ジャワの日本人部隊』（作品社）、『皇軍兵士とインドネシア独立戦争』（吉川弘文館）、『残留日本兵』（中央公論新社）、『戦犯の孫』（新潮社）などがある。

筑摩選書 0179

南方《なんぽう》の志士《しし》と日本人《にほんじん》　インドネシア独立《どくりつ》の夢《ゆめ》と昭和《しょうわ》のナショナリズム

二〇一九年九月一五日　初版第一刷発行

著者　林《はやし》英一《えいいち》

発行者　喜入冬子

発行　株式会社筑摩書房
東京都台東区蔵前二‐五‐三　郵便番号　一一一‐八七五五
電話番号　〇三‐五六八七‐二六〇一（代表）

装幀者　神田昇和

印刷製本　中央精版印刷株式会社

ISBN978-4-480-01686-7　C0321

筑摩選書
0141

「働く青年」と教養の戦後史
「人生雑誌」と読者のゆくえ

福間良明

経済的な理由で進学を断念し、仕事に就いた若者たち。知的世界への憧れと反発。孤独な彼ら彼女らを支え、結びつけた昭和の「人生雑誌」。その盛衰を描き出す！

筑摩選書
0142

徹底検証　日本の右傾化

塚田穂高　編著

日本会議、ヘイトスピーチ、改憲、草の根保守、「慰安婦報道」……。現代日本の「右傾化」を、ジャーナリストから研究者まで第一級の著者が多角的に検証！

筑摩選書
0150

憲法と世論
戦後日本人は憲法とどう向き合ってきたのか

境家史郎

憲法に対し日本人は、いかなる態度を取ってきただろうか。世論調査を徹底分析することで通説を覆し、憲法観の変遷を鮮明に浮かび上がらせた、比類なき労作！

筑摩選書
0153

貧困の戦後史
貧困の「かたち」はどう変わったのか

岩田正美

敗戦直後の戦災孤児や浮浪者、経済成長下のスラムや寄せ場、消費社会の中のホームレスやシングルマザーなど、貧困の「かたち」の変容を浮かび上がらせた労作！

筑摩選書
0157

童謡の百年
なぜ「心のふるさと」になったのか

井手口彰典

心にしみる曲と歌詞。兎を追った山、小川の岸のすみれやれんげ。まぶたに浮かぶ日本の原風景。童謡誕生百年。そのイメージはどう変化し、受容されてきたのか。

筑摩選書
0160

教養主義のリハビリテーション

大澤 聡

知の下方修正と歴史感覚の希薄化が進む今、教養のバージョンアップには何が必要か。気鋭の批評家が鷲田清一、竹内洋、吉見俊哉の諸氏と、来るべき教養を探る！

筑摩選書
0161

終わらない「失われた20年」
嗤う日本の「ナショナリズム」・その後

北田暁大

ネトウヨ的世界観・政治が猛威をふるう現代日本。アイロニーに嵌り込む左派知識人。隘路を突破するには何が必要か？ リベラル再起動のための視角を提示する！

筑摩選書
0165

教養派知識人の運命
阿部次郎とその時代

竹内 洋

大正教養派を代表する阿部次郎。『三太郎の日記』で栄光を手にした後、波乱が彼を襲う。同時代の知識人との関係や教育制度からその生涯に迫った社会史的評伝。

筑摩選書
0167

「もしもあの時」の社会学
歴史にｉｆがあったなら

赤上裕幸

過去の人々の、実現しなかった願望、頓挫した計画など「ありえたかもしれない未来」の把握を可能にし、「未来」への視角を開く「歴史のｉｆ」。その可能性を説く！

筑摩選書
0170

美と破壊の女優 京マチ子

北村匡平

日本映画の黄金期に国民的な人気を集めた京マチ子。強烈な肉体で旧弊な道徳を破壊したかと思えば古典的で淑やかな女性を演じてみせた。魅力の全てを語り尽くす！

筑摩選書 0171

「抗日」中国の起源

五四運動と日本

武藤秀太郎

建国の源泉に「抗日」をもつ中国。この心性は五四運動を起点とするが、当初は単なる排外主義ではなかった――。新史料をもとに、中国のジレンマを読み解く。

筑摩選書 0172

内村鑑三

その聖書読解と危機の時代

関根清三

戦争と震災。この二つの危機に対し、内村鑑三はどのように立ち向かったのか。聖書学の視点から、その聖書読解と現実との関わり、現代的射程を問う、碩学畢生の書。

筑摩選書 0173

掃除で心は磨けるのか

いま、学校で起きている奇妙なこと

杉原里美

素手トイレ掃除、「道徳」教育など、教育現場では奇妙なことが起きている。朝日新聞記者が政治家から教師、父母まで徹底取材。公教育の今を浮き彫りにする！

筑摩選書 0174

台湾物語

「麗しの島」の過去・現在・未来

新井一二三

ガイドブックよりも深く知りたい人のために！　台湾でも活躍する作家が、歴史、ことば、民俗、建築、映画、そして台北、台中、台南などの街と人々の物語を語る。

筑摩選書 0175

林彪事件と習近平

中国の権力闘争、その深層

古谷浩一

世界を驚かせた林彪事件。毛沢東暗殺計画の発覚後、林彪は亡命を図るが、搭乗機は墜落。その真相に迫る。習近平の強権政治の深層をも浮かび上がらせた渾身作！